AF617924

Christian Picker | Stephan Gräf (Hrsg.)

Funktionalität und Effektuierung des Antidiskriminierungsrechts

Nomos

Onlineversion
Nomos eLibrary

Die Deutsche Nationalbibliothek verzeichnet diese Publikation in der Deutschen Nationalbibliografie; detaillierte bibliografische Daten sind im Internet über http://dnb.d-nb.de abrufbar.

ISBN 978-3-7560-0368-6 (Print)

ISBN 978-3-7489-3854-5 (ePDF)

1. Auflage 2023

Vorwort der Herausgeber

Das Antidiskriminierungsrecht ist wissenschaftlich so komplex wie gesellschaftspolitisch umstritten. Es hat eine politische, eine ökonomische, eine soziale und eben eine juristische Dimension und ist damit Forschungsgegenstand verschiedener (Fach-)Disziplinen. Vertreterinnen und Vertreter verschiedener Wissenschaftszweige sind daher am 2. Juni 2022 an der Universität Konstanz zu einem Workshop mit dem Titel „Funktionalität und Effektuierung des Antidiskriminierungsrechts" zusammengekommen, um das Thema aus verschiedenen Blickwinkeln zu beleuchten.

Funktionalität

Das Grundprinzip unserer der Privatautonomie verpflichteten und damit freiheitlichen Privatrechtsordnung lautet *stat pro ratione voluntas* – nicht *stat pro voluntate ratio*. Private sind kraft ihrer durch Art. 2 Abs. 1 GG – im Bereich des Erwerbslebens „national" durch Art. 12 Abs. 1 GG und „europäisch" durch Art. 15, 16 GRCh – geschützten Vertragsfreiheit grundsätzlich berechtigt, den Vertragsschluss mit einer Person aus beliebigen, auch irrationalen und damit ganz willkürlichen Gründen abzulehnen. Mit der Privatautonomie ist eine umfassende sachliche Rechtfertigungslast der Bürger bei der Gestaltung ihrer privaten Rechtsverhältnisse und eine damit verbundene allgemeine Rechtspflicht, andere gleich zu behandeln, danach im Kern unvereinbar. Daher ist das Recht, den Vertragsschluss sachgrundlos zu verweigern, nach klassisch-freiheitlichem Zivilrechtsverständnis die Regel, während Diskriminierungsverbote stets rechtfertigungsbedürftige Ausnahmen sind. So hat auch das BVerfG erst jüngst wieder betont: „Grundsätzlich gehört es zur Freiheit jeder Person, nach eigenen Präferenzen darüber zu bestimmen, mit wem sie unter welchen Bedingungen Verträge abschließen will" (BVerfGE 148, 267 – „Stadionverbot").

Diese einer freiheitlichen Privatrechtsordnung verpflichtete Sichtweise wird in der Jurisprudenz zunehmend bestritten: Den kategorialen Unterschied zwischen dem öffentlichen und privaten Recht lehnt man hier ab und plädiert für eine „Veröffentlichrechtlichung des Privaten", mithin für eine egalitäre Versachlichung (auch) der Privatrechtsbeziehungen (so insbesondere *Grünberger*, Personale Gleichheit, 2013).

Ausgangspunkt des ersten Teils unseres Workshops war angesichts dieser gegensätzlichen Deutungsversuche die grundsätzliche Frage: Was genau ist der *Schutzzweck* privatrechtlicher Diskriminierungsverbote, wem dient das Antidiskriminierungsrecht mithin *funktional*?

Den Auftakt machte hier Frau *Prof. Dr. Claudia Diehl* (Universität Konstanz, Fachbereich Soziologie), die sich dieses Problems in ihrem Vortrag mit dem Titel „Wer fühlt sich eigentlich diskriminiert – und warum?" aus gesellschaftswissenschaftlicher Perspektive annahm.

Sodann legte Herr *Prof. Dr. Thomas Lobinger* (Universität Heidelberg, Juristische Fakultät) seine Deutung der „Funktionen des Antidiskriminierungsrechts im Privatrecht" dar und plädierte entschieden dafür, das Antidiskriminierungsrecht funktional als Ausprägung des persönlichkeitsrechtlichen Integritätsschutzes zu begreifen.

Herr *Prof. Dr. Florian Kunze* (Universität Konstanz, Fachbereich Politik- und Verwaltungswissenschaften) präsentierte schließlich – erneut aus der Perspektive des Gesellschaftswissenschaftlers – die Ergebnisse seiner empirischen Forschung zum Thema „Altersbasierte Diskriminierung in der Arbeitswelt".

Effektuierung

Im zweiten Teil des Workshops stand die Frage im Mittelpunkt, wie das Antidiskriminierungsrecht *de lege lata* und *de lege ferenda* zu effektuieren ist.

Frau *Hülya Erbil* (Doktorandin an der Universität Konstanz) stellte die im EU-Richtlinien-Recht und im AGG vorzufindende strikt merkmalsbezogene und damit punktuelle Ausgestaltung des Diskriminierungsschutzes in Frage und analysierte „Möglichkeiten und Grenzen eines postkategorialen Antidiskriminierungsrechts".

Dass dem Antidiskriminierungsrecht in der zunehmend digitalisierten (Arbeits-)Welt eine zentrale Rolle zukommen wird und welche rechtsdogmatischen und praktischen Fragen es zu lösen gilt, zeigte sodann Frau *Akad. Rätin a.Z. Dr. Carmen Freyler* (Universität Augsburg, Juristische Fakultät) in ihrem Vortrag zum Thema „Diskriminierung bei algorithmenbasierten Personalentscheidungen" auf.

Ganz konkret stellt sich die Frage der Effektuierung des Antidiskriminierungsrechts schließlich hinsichtlich der prozessualen Beweislastverteilung bei behaupteten Diskriminierungen. Ihr widmete sich Frau *Prof. Dr. Martina Benecke* in ihrem Referat mit dem Titel „Indizien und Vermutungen –

Beweisfragen im Antidiskriminierungsrecht", in dem sie sich kritisch mit der neueren Rechtsprechung des Bundesarbeitsgerichts auseinandersetzte.

Dank

Unser Dank gilt besonders den Referentinnen und Referenten für Ihre so spannenden wie gelungenen Vorträge. Ihnen und allen Teilnehmerinnen und Teilnehmern – den Kolleginnen und Kollegen aus der Professorenschaft, dem wissenschaftlichen Nachwuchs und der Studierendenschaft – danken wir für die engagierten und ertragreichen Diskussionen.

Ganz besonders bedanken wir uns bei Frau *Prof. Dr. Benecke*, Herrn *Prof. Dr. Lobinger* und Frau *Hülya Erbil*, die uns Ihre Referate zur Dokumentation in diesem Band zur Verfügung gestellt haben. Hinsichtlich des Vortrags von Frau *Akad. Rätin a.Z. Dr. Carmen Freyler* verweisen wir auf ihren Beitrag in der Neuen Zeitschrift für Arbeitsrecht (NZA) in Heft 5/2020, S. 284 ff.

Der vorliegende Band wurde – wie die gesamte Tagung – durch die Deutsche Forschungsgemeinschaft (DFG) im Rahmen des Exzellenzclusters 2035/1 der Universität Konstanz „The Politics of Inequality" finanziell gefördert. Den Verantwortlichen des Exzellenzclusters danken wir für ihre Unterstützung herzlich.

Nicht zuletzt haben viele helfende Hände zum Gelingen unseres Workshops beigetragen. Wir bedanken uns daher herzlich bei Frau *Marion Ücker*, Frau *Nina Gerlach*, Frau *Marie Grosser*, Herrn *Nicolas Häberle*, Frau *Katharina Klein*, Frau *Jule Maier*, Frau *Marlene Oestreicher*, Frau *Carolin Peter* sowie Herrn *Alexander Bobbert* und Herrn *Sebastian Reif* für die tatkräftige Unterstützung bei der Organisation und Durchführung sowie im Nachgang der Veranstaltung.

Konstanz, im Januar 2023

Prof. Dr. Christian Picker
Jun.-Prof. Dr. Stephan Gräf

Inhaltsverzeichnis

Die Funktion des Antidiskriminierungsrechts im Privatrecht

Thomas Lobinger

I. Einführung in die Problematik

1. Diskriminierungsschutz als zivilrechtliche Herausforderung

Im Umfeld der Einführung des heutigen Allgemeinen Gleichbehandlungsgesetzes (AGG) kam in Teilen der deutschen Privatrechtswissenschaft eine Art Weltuntergangsstimmung auf. *Tilman Repgen* etwa hörte die „Totenglocke des Privatrechts" läuten[1], *Franz-Jürgen Säcker* sah eine „Tugendrepublik der neuen Jakobiner" aufziehen[2] und *Johann Braun* meinte gar: „Deutschland wird wieder totalitär"[3]. Die Verteidiger des Gesetzgebungsprojekts waren mitunter allerdings nicht weniger zimperlich, wenn sie, wie namentlich *Susanne Baer*, in einer Fußnote feststellten: „Die faschistische Rechtslehre lehnte Vertragsfreiheit ab und setzte Pflichten dagegen; [...]. Heute treten Faschisten für ungehinderte Freiheit ein, die ihnen ein Recht auf Diskriminierung sichert [...]."[4]

Nach dem Inkrafttreten des Gesetzes am 18.8.2006 versachlichte sich der Ton merklich. Das bedeutet allerdings nicht, dass mit dem AGG aus rechtswissenschaftlicher Sicht alles in Ordnung wäre, im Gegenteil. Nicht nur über Einzelfragen, sondern auch über die dogmatischen Grundlagen des zivilrechtlichen Diskriminierungsschutzes wird bis heute durchaus heftig gestritten. Fundamental verschiedene Konzepte und Programmatiken ringen um die Anerkennung als maßgeblicher teleologischer Leitstern für die feindogmatische Erschließung des Gesetzes. Selten wird der Zusammenhang zwischen der grundlegenden gedanklich-konzeptionellen Einordnung eines

1 *Repgen*, in: Isensee (Hrsg.), Vertragsfreiheit und Diskriminierung, 2007, S. 11 (14).
2 *Säcker*, ZRP 2002, 286.
3 *Braun*, JuS 2002, 424.
4 *Baer*, ZRP 2002, 290 (292 Fn. 23).

Regelwerks und der Interpretation seiner Einzelnormen so klar wie beim AGG. Grob gezeichnet stehen dabei drei Lesarten zur Auswahl:[5]

Erstens: Zivilrechtlicher Diskriminierungsschutz wird als besondere Ausprägung des Persönlichkeitsrechtsschutzes angesehen. Er gewährleistet hiernach Integritätsschutz aufgrund der Verletzung eines individuellen Rechtsguts, das seit jeher in verschiedenen Erscheinungen anerkannt ist (Stichworte: Ehrschutz, Recht am eigenen Bild, Namensrecht etc.).[6] Das AGG ergänzt damit ähnlich anderen Sondergesetzen (z.B. DSG-VO) den Schutz des allgemeinen Persönlichkeitsrechts, wie er heute negatorisch unter analogem Rückgriff auf § 1004 BGB und schadensersatzrechtlich über § 823 BGB realisiert wird. Nach dieser Lesart bildet das AGG eine partielle Neuerung, aber keinen grundsätzlichen Fremdkörper im überkommenen Zivilrechtssystem.

Zweitens: Zivilrechtliche Diskriminierungsverbote werden als Mittel einer sozialpädagogisch motivierten obrigkeitlichen Verhaltenssteuerung aufgefasst, die ein Umdenken in der Gesellschaft bewirken soll.[7] Das eigentliche Schutzgut verschwimmt bei diesem Ansatz. Politisch korrektes Verhalten scheint zum reinen Selbstzweck zu werden und vermittelt damit den Eindruck bloßer staatlicher Gängelung. In einer freiheitlichen Rechtsordnung müsste dies aber auf Anhieb als hochproblematischer Fremdkörper erscheinen.

Drittens schließlich: Zivilrechtlicher Diskriminierungsschutz dient der Verwirklichung des allgemeinen Gleichheitssatzes durch die Bekämpfung einer Exklusion bestimmter gesellschaftlicher Gruppen im Bereich vertrag-

---

5 Vgl. zum Folgenden auch schon *Lobinger*, in: Isensee (Hrsg.), Vertragsfreiheit und Diskriminierung, 2007, S. 99 (119 ff.); *ders.*, EuZA 2009, 365 (374 f.); *ders.*, AcP 216 (2016), 28 (82 ff.).

6 *Lobinger*, in: Isensee (Fn. 5), S. 99 (119 f., 141 f.); *ders.*, Entwicklung, Stand und Perspektiven des europäischen Antidiskriminierungsrechts, 2015, S. 37 ff.; s. ferner *Adomeit/Mohr*, RdA 2011, 102 (104); Erman/*Armbrüster*, BGB, 16. Aufl. 2020, § 19 AGG Rn. 1; *Bader*, Arbeitsrechtlicher Diskriminierungsschutz als Privatrecht, 2012, S. 125 ff.; *Lehner*, Zivilrechtlicher Diskriminierungsschutz und Grundrechte, 2013, S. 220 ff.; *Preis*, ZESAR 2007, 308 (311); *Repgen*, in: Isensee (Fn. 1), S. 11 (27 ff., 82 ff.) und auch *Hartmann*, in: Herresthal/Kaiser/Stoffels (Red.), Eckpfeiler des Zivilrechts, 7. Aufl. 2020, Rn. B 8.

7 Ausführliche Belege für solche Anklänge in den Gesetzgebungsmaterialien bei *Lobinger*, in: Isensee (Fn. 5), S. 99 (122 ff.); s. ferner nur auch noch die Hinweise bei *Repgen*, in: Isensee (Fn. 1), S. 11 (77 f.); *Pfeiffer*, ZGS 2003, 441; s. heute etwa auch ArbG Berlin 28.3.2012 – 55 Ca 2426/12, NZA-RR 2012, 627 (629); *Sprafke*, Diskriminierungsschutz durch Kontrahierungszwang, 2013, S. 50 ff. (daneben soll es aber auch um den Schutz vor Herabwürdigung gehen); Antidiskriminierungsstelle des Bundes, Standpunkte Nr. 03 – 12/2021, S. 4; vgl. ferner auch *Wagner*, AcP 206 (2006), 352 (398 ff.), allerdings mit erklärter rechtspolitischer Distanz (s. aaO, 401 f.).

licher Austauschprozesse. Verfolgt wird damit nicht nur ein im engeren Sinne ökonomisches oder sozialpolitisches Ziel, sondern ein im umfassenderen Sinne gesellschaftspolitisches Ziel: die Gewährleistung gleicher Teilhabemöglichkeiten.[8] Damit steht hier nicht ein im Kern herkömmlicher zivilrechtlicher Integritätsschutz im Zentrum, sondern eine Neuverteilung von Freiheiten. Um den von gesellschaftsinternen Exklusionen betroffenen Gruppen die *reale* Ausübung rechtlich verbürgter Freiheiten in gleichheitsgerechter Weise zu ermöglichen, muss die zur Exklusion durch die anderen gesellschaftlichen Gruppen führende Wahlfreiheit *rechtlich* eingeschränkt werden. Rein abstrakt betrachtet ist das keine Umverteilung, weil die rechtlich verbürgte Freiheit für alle Gruppen gleichermaßen beschnitten wird. Im praktischen Effekt zielt man mit einer solchen Programmatik aber gleichwohl gerade auf Umverteilung. Denn die allgemeine Freiheitsverkürzung ist so angelegt, dass *reale* Freiheits*gewinne* vor allem bei exkludierten und *reale* Freiheits*verluste* vor allem bei exkludierenden Gruppen eintreten werden.

2. Methodische Vorbemerkung

Wenn wir im Folgenden der Frage nachgehen, welcher der drei konkurrierenden teleologischen Leitsterne bildlich gesprochen am hellsten leuchtet, muss vorab ein methodisches Problem angesprochen werden. Das deutsche AGG dient bekanntlich der Umsetzung mehrerer europäischer Gleichbehandlungsrichtlinien[9], die mehrfach im Primärrecht abgesichert sind (kompetenzrechtlich in Art. 19 AEUV, materiell insbesondere in Art. 21 EU-GRCh). Es muss deshalb bei Auslegungszweifeln unionsrechtskonform ausgelegt werden. Damit kann auch die Antwort auf die Frage nach der hinter den Einzelregelungen stehenden Grundkonzeption nicht allein dem nationalen Recht entnommen werden. Vielmehr muss speziell an diesem weichenstellenden Punkt dem europäischen Recht maßgebliche Bedeutung beigemessen

---

8 *Arnold*, Vertag und Verteilung, 2014, S. 279 ff.; *Leible*, in: Schulze (Hrsg.), Non-Discrimination in European Private Law, 2011, S. 27 (29); *Neuner*, in: Leible/Schlachter (Hrsg.), Diskriminierungsschutz durch Privatrecht, 2006, S. 73 (78 f., 90); *Zoppel*, Europäische Diskriminierungsverbote und Privatrecht – Unionsrechtliche Vorgaben und Sanktionen, 2015, S. 34; im Kern auch *Baer*, ZRP 2002, 290 (292 f.);*Grünberger*, Personale Gleichheit, 2013, bes. S. 738 f.; *Mörsdorf*, Ungleichbehandlung als Norm, 2018, S. 49 ff.; *Grünberger/Reinelt*, Konfliktlinien im Nichtdiskriminierungsrecht, 2020, S. 35 ff., 66 f.; mit demokratietheoretischem Fokus (aber ohne dogmatischem Mehrwert) auch *Mangold*, Demokratische Inklusion durch Recht, 2021, S. 405 ff.

9 RL 2000/43/EG, RL 2000/78/EG, RL 2004/113/EG sowie RL 2006/54/EG.

werden. Dabei ist allerdings zu sehen: Alle für uns einschlägigen europäischen Normen adressieren in erster Linie die jeweiligen Hoheitsträger und wollen einen materienübergreifenden Rahmen schaffen. Sie zielen folglich nicht etwa allein auf das Zivilrecht, sondern gleichermaßen auf das öffentliche Recht mit seinen naturgemäß stärkeren Bindungen. Ein derart umfassender Regelungsansatz droht damit aber immer auch, strukturelle Unterschiede in verschiedenen Rechtsbereichen nicht schon von sich aus hinreichend zu berücksichtigen, was in der weiteren Folge dazu führen kann, dass diese Unterschiede bei der Exegese der unionsrechtlichen Vorgaben und der darauf basierenden Umsetzung verschliffen werden. Wenn man deshalb etwa in unserem Fall den unionsrechtlichen Normen, namentlich den Gleichbehandlungsrichtlinien und Art. 21 EU-GRCh, außer einer integritätsschützenden Funktion ganz allgemein auch eine teilhaberechtliche Funktion zuspricht, muss man diesen Gewährleistungsgehalt nicht zwangsläufig auch in die zivilrechtlichen Umsetzungsnormen hineintragen, sondern kann hierfür nach der gem. Art. 4 Abs. 2 EUV, Art. 67 Abs. 2 AEUV auch von der Union zu achtenden deutschen Rechtstradition das öffentliche Recht reservieren. Denn anders als für die öffentliche Hand gilt für Private gerade auch nach der EU-GRCh speziell im beruflichen und im unternehmerischen Bereich Vertragsfreiheit (Artt. 15, 16 EU-GRCh), was sich zwar mit integritätsschützenden Diskriminierungsverboten ohne Weiteres verträgt, nicht aber ebenso selbstverständlich auch mit weiterreichenden Gleichbehandlungspflichten, die zur Verbesserung der gesellschaftlichen Teilhabe bestimmter Gruppen auf eine Neuverteilung realer Freiheit zielen.

3. Weiteres Vorgehen

Im Folgenden soll es zunächst darum gehen, die skizzierten Grundkonzeptionen zivilrechtlichen Diskriminierungsschutzes auf ihre Tragfähigkeit hin zu überprüfen. Dabei wird sich zeigen, dass keine der genannten Konzeptionen die Einzelregelungen der unionsrechtlichen Vorgaben und des AGG völlig bruchlos erklären kann. Als vorzugswürdig wird sich mit dem hier allein interessierenden Blick auf das Privatrecht gleichwohl eine persönlichkeitsschutzrechtliche Grundkonzeption erweisen, an der dann auch die Lösung von Zweifelsfragen und allfällige Fortbildungen ausgerichtet werden können. An Einzelproblemen wird dabei aufzuzeigen sein, welche konkreten Konsequenzen die persönlichkeitsschutzrechtliche Lesart des AGG nach sich zieht.

Das lässt Raum auch für Kritik und Abweichungen von der Rechtsprechung des EuGH. Diese Rechtsprechung ist für die Rechtspraxis bis hin zu den nationalen Gesetzgebern zweifellos verbindlich. Rechtsquellenqualität hat sie indes nicht. Für eine wissenschaftsgetriebene Dogmatisierung des zivilrechtlichen Nichtdiskriminierungsrechts ist die Judikatur des EuGH deshalb nie unverrückbares Datum, sondern immer nur Fingerzeig einer möglichen Deutung.[10] Abschließend soll auch noch auf die Frage eingegangen werden, welche Fortbildungen der Schutz vor Diskriminierungen im Zivilrecht möglicherweise erfahren muss, wenn man diesen als besondere Ausprägung des Persönlichkeitsrechtsschutzes ansieht.

II. Die Vorzugswürdigkeit einer persönlichkeitsrechtsschützenden Lesart des zivilrechtlichen Antidiskriminierungsrechts

1. Die mangelnde Tragfähigkeit einer rein verhaltenssteuernden Grundkonzeption

Wollte man zivilrechtliche Diskriminierungsverbote tatsächlich als Mittel einer weitgehend sozialpädagogisch motivierten obrigkeitlichen Verhaltenssteuerung zur Bewirkung eines Umdenkens in der Gesellschaft verstehen, wären diese in einer freiheitlichen Rechtsordnung nicht haltbar.[11] Denn hiernach würden die statuierten Verhaltensgebote weder dem Schutz bestehender Rechtspositionen noch auch nur dem *per se* nicht etwa illegitimen Zweck einer gemeinwohlorientierten Verbesserung von Teilhabemöglichkeiten dienen. Es ginge allein um die Einforderung politisch korrekten Verhaltens. Das aber kann in einer freiheitlichen Ordnung kein Selbstzweck sein. Freiheitsverkürzende Verhaltensnormen stellen sich hier stets als unverhältnismäßiger staatlicher Eingriff dar, solange nicht ein übergriffiges Verhalten im Sinne der Verletzung privater oder öffentlicher Schutzgüter vorliegt. Das gilt in der vom Prinzip der persönlichen Freiheit ausgehenden Ordnung der Europäischen Union nicht anders als in der von ebendiesem Prinzip ausgehenden Ordnung des Grundgesetzes.[12]

---

10 Anders *Mörsdorf*, Ungleichbehandlung (Fn. 8), S. 46 ff.

11 Siehe hierzu nur auch schon *Lobinger*, in: Isensee (Fn. 5), S. 99 (164 ff.).

12 Hinzu kommt, dass sich sowohl die Gleichbehandlungsrichtlinien als auch das AGG nach dieser Zielsetzung als weitgehend ungeeignet und willkürlich erweisen müssten. Denn sie richten sich allein an Arbeitgeber und Anbieter auf den Güter- und Dienstleistungsmärkten, nicht aber an Arbeitnehmer und Verbraucher. Damit aber kann just

2. Die mangelnde Tragfähigkeit gleichheitsrechtlicher Grundkonzeptionen

a) Für gleichheitsrechtliche oder auch egalitaristische Konzeptionen des Antidiskriminierungsrechts hat das Zivilrecht eine rein instrumentelle Funktion. Das eigentliche Ziel der Regulierung ist ein überindividuelles, gesellschaftspolitisches, namentlich die Bekämpfung sozialer Hierarchien innerhalb der Rechtsgemeinschaft.[13] Die Schaffung subjektiver Rechte und hierauf bezogener Schutzansprüche unter Privaten setzt damit nur noch der Form nach auf ein als überholte „Meistererzählung" diskreditiertes Privatrechtsverständnis[14] auf. Materiell geht es dagegen um eine rein funktionale Subjektivierung[15] zur Durchsetzung objektivrechtlicher Ziele. Zivilrecht dient hier folglich nicht mehr primär seiner ursprünglichen Ordnungsaufgabe entsprechend einem möglichst gerechten Ausgleich konfligierender Individualinteressen. Es dient vielmehr der Durchsetzung allgemeiner gesellschaftspolitischer Vorstellungen. Betrieben wird mithin *private enforcement* als Alternative zum *public enforcement*. Subjektive Rechte begegnen nicht als Mittel einer gerechtigkeitsorientierten Abgrenzung individueller Freiheitssphären, sondern als bloße Reflexe einer Durchsetzung überindividueller Ziele mittels Recht. *Michael Grünberger* und *André Reinelt* haben das erst jüngst noch einmal in aller Klarheit und gänzlich ungeschminkt aufgezeigt. Ziel des Nichtdiskriminierungsrechts sei es, so die Autoren, bestehende soziale Verhältnisse zu ändern und diskriminierende Strukturen aufzubrechen. Nur aus diesem Grund werde deshalb namentlich der Arbeitgeber mit den Pflichten und der Haftung aus dem AGG belegt, er fungiere so als „Strukturbrecher".[16] Demgegenüber soll sich der Versuch einer Einordnung des Antidiskriminierungsrechts in das überkommene Zivilrechtsverständnis sogar verbieten. Wer eine Ungleichbehandlung als Persönlichkeitsrechtsverletzung einordne, reduziere den *sozialen* Konflikt auf die bilaterale Verletzung persönlicher Integritätsansprüche. Das mache die gesellschaftliche Dimension des Diskriminierungsverbots und die (politische) Verantwortung jeder Normadressat*in,

---

in der Tiefe der Gesellschaft, dort, wo erfahrungsgemäß die schlimmsten und hartnäckigsten Vorurteile und Ressentiments verwurzelt sind, der „falsche" moralische Geist weiterhin ungestört wehen (s. hierzu auch schon *Lobinger*, in: Isensee [Fn. 5], S. 99 [166 f.]; *dens.*, Entwicklung [Fn. 6], S. 50 sowie auch noch später im Text).

13 *Grünberger/Reinelt*, Konfliktlinien (Fn. 8) S. 64; grundlegend für die Diskussionen in Deutschland *Baer*, Würde oder Gleichheit?, 1995, S. 235 ff.

14 Siehe *Grünberger/Reinelt*, Konfliktlinien (Fn. 8), S. 9.

15 Siehe *Grünberger/Reinelt*, Konfliktlinien (Fn. 8), S. 95 mwN.

16 *Grünberger/Reinelt*, Konfliktlinien (Fn. 8), S. 31.

diesen Zustand nicht weiter zu perpetuieren, unsichtbar. Die persönlichkeitsrechtliche Konzeption bewirke, so die Kritik, eine strikte Entpolitisierung eines gesellschaftlichen Konflikts.[17]

b) Man muss nicht erst fragen, warum es überhaupt Aufgabe des Privatrechts sein sollte, gesellschaftliche Konflikte in ihrer politischen Dimension sichtbar zu machen, um die Sollbruchstellen solcher Grundkonzeptionen des zivilrechtlichen Antidiskriminierungsrechts zu erkennen. Das betrifft zunächst eine grundlegende, nicht nur Details[18] berührende Reibung mit der konkreten Ausgestaltung dieses Rechts. Denn die Diskriminierungsverbote, wie sie durch das AGG und das zugrundeliegende EU-Recht vorgegeben sind, mögen zwar ausweislich der verpönten Merkmale an typische gruppenbezogene soziale Diskriminierungserfahrungen anknüpfen, die man deshalb soziologisch wie politisch als Ausdruck problematischer hierarchischer Strukturen innerhalb der Gesellschaft lesen kann. Das *rechtliche* Verbot einer Benachteiligung wegen der genannten Merkmale ist allerdings neutral ausgestaltet und verlangt gerade keine Benachteiligung entlang gesellschaftlicher Konfliktlinien. Nach der insoweit unzweifelhaften Regelung des AGG und des zugrundeliegenden Unionsrechts dürfen etwa auch in Passau junge weiße heterosexuelle katholische Männer nicht wegen eines dieser Merkmale diskriminiert werden. Und ebenso hat eine *queere* Person, die in Köln versehentlich an das letzte noch nicht ausdrücklich LGBTQ-freundliche Hotel gerät, Ansprüche aus dem AGG, selbst wenn sie nach Abweisung durch die letzten Ewiggestrigen problemlos und ohne Mehrkosten in das Nachbarhotel ausweichen kann. Der Grund, warum die Benachteiligung wegen eines nach AGG verpönten Merkmals eine zivilrechtliche Haftung auszulösen vermag, kann hier erkennbar nicht mehr darin liegen, dass in dem konkreten individuellen Konflikt nur ein allgemeiner gesellschaftlicher Konflikt zum Ausdruck kommt, den es mit dieser Haftung zu bekämpfen gilt. Der Grund muss – mindestens in solchen Fällen – ein anderer sein. Soll dieser nach wie vor aber gerade nicht im Schutz des Persönlichkeitsrechts zu finden sein, münden

17 *Grünberger/Reinelt*, Konfliktlinien (Fn. 8), S. 64.

18 Solche Details finden sich ebenfalls. Zu nennen sind insbesondere das Fehlen einer Verbandsklage im deutschen Recht und die fehlende unionsrechtliche Pflicht, eine solche zu schaffen (s. hierzu nur EuGH 10.7.2008 – C-54/07 [Feryn], ECLI:EU:C:2008:397 [Rn. 27, 39]; EuGH 25.4.2013 – C-81/12 [Asociatia ACCEPT], ECLI:EU:C:2013:275 [Rn. 37 f.]; ausdrücklich insbesondere EuGH 23.4.2020 – C-507/18 [NH], ECLI:EU:C:2020:289 [Rn. 61]), sowie auch die anerkannte Unzulässigkeit des sog. AGG-Hoppings (s. hierzu nur EuGH 28.7.2016 – C-423/15 [Kratzer], ECLI:EU:C:2016:604 [Rn. 35 ff.]; BAG 19.5.2016 – 8 AZR 470/14, NZA 2016, 1394 [Rn. 33 ff.]; BAG 11.8.2016 – 8 AZR 4/15, NZA 2017, 310 [Rn. 38]).

egalitaristische Ansätze, sofern sie bei Diskriminierungen quer zu den gesellschaftlichen Konfliktlinien nicht zu radikalen teleologischen Reduktionen greifen wollen, schließlich aber unweigerlich in ein System zweckfreier Unterscheidungsverbote. Die gleichbehandlungsbedingten Freiheitsverkürzungen tragen dann ihren Wert nur noch in sich selbst.

c) Zu sehen ist darüber hinaus: Belastet man Private mit Diskriminierungsverboten jenseits des Bereichs von Persönlichkeitsrechtsverletzungen oder auch von Ausnahmesituationen, die nach allgemeinem Zivilrecht (zumeist in Anknüpfung an § 826 BGB) zu einem Kontrahierungszwang führen können, stellt sich dies als moderne Variante eines Frondienstes dar: Geschuldet sind dem Staat nicht Hand- oder Spann-, sondern nunmehr eben Strukturbrecherdienste. Das aber wirft mit Blick auf den Verhältnismäßigkeitsgrundsatz erhebliche Probleme auf, die im Ansatz auch von den Vertretern der egalitaristischen Lehren durchaus gesehen und adressiert werden.[19] Insbesondere führt die Instrumentalisierung Privater, wie sie hier zur Debatte steht, zu Sonderopfern ohne spezifische Sonderverantwortlichkeit.[20] Für den Abbau gesellschaftlicher Hierarchien und die Integration bestimmter sozialer Gruppen sind Arbeitgeber, Vermieter, Versicherer oder überhaupt Unternehmer im Ausgangspunkt nicht weitergehend zuständig als alle anderen Mitglieder des Gemeinwesens. Daran ändert auch der Umstand nichts, dass sie in einer Privatwirtschaft gleichsam den Schlüssel zur gesellschaftlichen Teilhabe in der Hand halten, im Gegenteil.[21] Denn vielfach reagieren sie mit ihren Entscheidungen lediglich marktrational auf ein von diskriminierenden Erwartungen geprägtes Umfeld (Kunden, Belegschaft etc.), das seinerseits von den rechtlichen Diskriminierungsverboten aber gerade nicht adressiert wird, obwohl hier häufig die eigentliche Wurzel des nach der egalitaristischen Programmatik zu bekämpfenden gesellschaftlichen Übels liegt.

Erkennt man dies, kann folglich aber weder für den europäischen noch für den deutschen Gesetzgeber gleichsam Wahlfreiheit bestehen, ob und in welchem Umfang er seine gesellschaftspolitischen Ziele mittels *private enforcement* verwirklichen will. Bindungen, die über das hinausgehen, was

---

19 Vgl. *Grünberger/Reinelt*, Konfliktlinien (Fn. 8), S. 13, 37 ff.; *Mörsdorf*, Ungleichbehandlung (Fn. 8), S. 187 ff., 244 ff., 314.

20 Siehe hierzu auch schon *Lobinger*, in: Isensee (Fn. 5), S. 99 (156 ff.); *Picker*, in: Lorenz (Hrsg.), Karlsruher Forum 2004: Haftung wegen Diskriminierung nach derzeitigem und zukünftigem Recht, 2005, S. 7 (81); *Hartmann*, in: Eckpfeiler (Fn. 6), Rn. B 8; aA *Lehner*, Zivilrechtlicher Diskriminierungsschutz (Fn. 6), S. 339 (hiergegen zurecht *Hartmann*, in: Eckpfeiler [Fn. 6], Rn. B 8 Fn. 36).

21 So aber *Grünberger/Reinelt*, Konfliktlinien (Fn. 8), S. 33 f.

sich nach der Eigenrationalität des Privatrechts auch noch als herkömmliche privatrechtliche Bindung darstellen lässt, können allenfalls *ultima ratio* statuiert werden, sofern sich alternative Maßnahmen ohne entsprechende Sonderopfer als nicht hinreichend geeignet erweisen sollten und das verfolgte gesellschaftspolitische Ziel zudem gewichtig genug erscheint, um ggf. auch solche gleichheitswidrigen Freiheitsverkürzungen noch zu legitimieren. Diese Einsichten können dann aber auch nicht ohne Einfluss auf die Frage der maßgeblichen Lesart des zivilrechtlichen Antidiskriminierungsrechts bleiben. Denn anders als egalitaristische Konzeptionen lässt eine am persönlichkeitsrechtlichen Integritätsschutz ausgerichtete Lesart das Antidiskriminierungsrecht von vornherein als eine das Verhältnismäßigkeitsprinzip wahrende gesetzgeberische Maßnahme erscheinen. Schon deshalb ist sie im Zweifel vorzuziehen. Man kann dem Gesetzgeber nicht ohne Not unterstellen, das Verhältnismäßigkeitsprinzip in erheblicher Weise strapazieren zu wollen, selbst wenn er mit seiner Regelung gesellschaftspolitische Ziele verfolgt haben mag, die über den Persönlichkeitsschutz im engeren juristischen Sinne hinausgehen. Denn es kann auch eine am persönlichkeitsrechtlichen Integritätsschutz ausgerichtete Diskriminierungshaftung zur Verwirklichung solcher gesellschaftspolitischen Ziele beitragen. Sie ist insoweit keineswegs effektlos. Anlass, die Grenzen des Verhältnismäßigkeitsprinzips auszutesten, hätte deshalb auch ein ambitionierter Gesetzgeber erst bei offenkundiger gesellschaftspolitischer Insuffizienz einer solchen Haftung, die aber schwerlich erkennbar ist.[22]

---

22 Nicht nachvollziehbar ist das Kernargument von *Mörsdorf*, Ungleichbehandlung (Fn. 8), S. 39, 287 ff. für einen überindividuellen egalitaristischen Ansatz des unional determinierten Antidiskriminierungsrechts, dass andernfalls das Verbot der unmittelbaren Diskriminierung auf diskriminierende Gesetze oder Verbandsregelungen nicht anwendbar wäre (so S. 287). *Mörsdorf* übersieht hier offensichtlich, dass die unmittelbare Geltung von Gesetzen und entsprechend wirkenden Verbandsregelungen immer auch schon konkrete Diskriminierungsopfer schafft, mögen diese im Moment des Normerlasses auch noch nicht individualisierbar sein. Diskriminierungsopfer sind hier alle Adressaten der benachteiligenden Norm, wobei es keine Rolle spielt, ob die Norm für bestimmte Adressaten benachteiligende Belastungen begründet oder bestimmte Adressaten in benachteiligender Weise von Vergünstigungen ausnimmt (ausdrücklich oder durch schlichte Nichterfassung). Der grundlegende entscheidungserhebliche Unterschied zur bloßen Entscheidungsmaxime im Kopf eines Privaten (s. *Mörsdorf*, aaO, S. 254 ff., 289 f.) liegt erkennbar darin, dass die Entscheidungsmaxime als solche anders als Gesetze und entsprechend geltende Verbandsregelungen eine Benachteiligung konkreter Personen noch nicht determiniert. Die Privatperson kann sich im konkreten rechtsgeschäftlichen Willensbildungsprozess ohne Weiteres von ihrer ursprünglichen Entscheidungsmaxime lösen und diskriminierungsfrei agieren. Erst die im konkreten

3. Die Vorzugswürdigkeit einer am persönlichkeitsrechtlichen Integritätsschutz ausgerichteten Grundkonzeption

a) Die Notwendigkeit einer Manifestation der Grundkonzeption in der gesetzlichen Regelung

Erweist sich damit eine am persönlichkeitsrechtlichen Integritätsschutz ausgerichtete Lesart der zivilrechtlichen Diskriminierungshaftung aus übergeordneten Gründen als vorzugswürdig, genügt das für die Tragfähigkeit einer solchen Konzeption allein noch nicht. Sie muss sich darüber hinaus auch an den Kernbestandteilen der *lex scripta* festmachen lassen. Dass man dabei keine gänzlich reine und bruchlose Umsetzung des gedanklichen Ansatzes erwarten kann, wurde bereits festgestellt – und würde ebenso für die konkurrierenden Grundkonzepte gelten. Die Grundstrukturen der maßgeblichen Konzeption sollten sich aber in den gesetzlichen Regelungen aufzeigen lassen, um nicht den Verdacht zu begründen, das Gesetz im eigenen Sinne kurzerhand umschreiben zu wollen. Dass dies tatsächlich auch der Fall ist, soll im Folgenden kurz anhand maßgeblicher Momente der Haftungsauslösung (sogleich u. b)) und der Haftungsfolgen (sogleich u. c)) aufgezeigt werden.

Vorab klarzustellen ist dabei, dass es bei einer persönlichkeitsschutzrechtlichen Evaluierung der wesentlichen Regelungen des AGG nicht darum geht, diese am Stand der Dogmatik zur Persönlichkeitsrechtsverletzung im Sinne von § 823 Abs. 1 BGB zu messen. Denn der Gesetzgeber ist hierdurch nicht gebunden und kann den Schutz der persönlichkeitsrechtlichen Integrität sowohl generell als auch in bestimmten Konstellationen konkretisieren und ggf. ausbauen. Entscheidend ist allein, dass der innere Bezug solcher Neuregelungen zu den Wesenselementen des Persönlichkeitsrechts nicht abreißt.[23] Zu diesen Wesenselementen gehört insbesondere der allgemeine, allein im Menschsein gründende Anspruch auf Achtung der Gleichwertigkeit aller na-

---

Willensbildungsprozess auch tatsächlich angewandte benachteiligende Entscheidungsmaxime zeitigt deshalb eine Wirkung, die man mit Gesetzen und entsprechend geltenden Verbandsregelungen überhaupt vergleichen kann. Die „Inkriminierung" diskriminierender privater Entscheidungsmaximen als solcher, also unabhängig von ihrer Anwendung in einem konkreten Fall, liefe deshalb auf die Schaffung einer reinen Gesinnungshaftung hinaus, die man weder dem europäischen noch dem deutschen Gesetzgeber unterstellen sollte.

23 Vgl. hierzu nur auch *Bader*, Diskriminierungsschutz (Fn. 6), S. 136 ff.

türlichen Personen.[24] Wo dieser etwa infrage gestellt wird, weil man sein Gegenüber schablonenhaft, allein als Repräsentanten einer bestimmten Gruppe mit zugeschriebenen, *per se* ablehnungswürdigen Eigenschaften behandelt, ist dieser Achtungsanspruch aber regelmäßig betroffen. Denn man versagt so der betreffenden Person die Anerkennung ihrer Einzigartigkeit und Individualität als Kern eines auf dem Würdebegriff gründenden Menschseins.[25]

b) Die persönlichkeitsrechtsschützende Ausgestaltung der haftungsbegründenden Tatbestände

Im AGG zeigt sich – ebenso wie in den zugrunde liegenden europäischen Gleichbehandlungsrichtlinien[26] – eine klare persönlichkeitsrechtsschützende Zielrichtung bereits in den erfassten Diskriminierungsformen. So besteht bei der unmittelbaren Diskriminierung gem. § 3 Abs. 1 AGG das verbotene Verhalten nie im Unterlassen des Vertragsschlusses als solchem. Denn hierin liegt regelmäßig keine Ungleichbehandlung von Merkmalsträgern. Diese werden an dieser Stelle vielmehr gleichbehandelt mit allen anderen Personen, die keinen Vertrag erhalten haben; jeder positive Vertragsschluss mit einer Person ist naturgemäß immer auch „Diskriminierung" unzählig vieler anderer Personen. Diskriminierungsrechtlich relevant ist deshalb allein, dass der Vertragsschließende Merkmalsträger wegen des einschlägigen Merkmals nicht einmal als potenzielle Vertragspartner in Betracht gezogen und ihnen so – zumindest *prima facie* – die Gleichwertigkeit mit allen anderen poten-

24 Der Gleichheitssatz spielt damit auch für eine persönlichkeitsschutzrechtliche Konzeption eine wesentliche Rolle (s. auch *Hartmann,* in: Eckpfeiler [Fn. 6], Rn. B 7; *Lehner*, Zivilrechtlicher Diskriminierungsschutz [Fn. 6], S. 121 f.), womit die Kritik, diese Konzeption meine ohne Bezug auf den Aspekt der Gleichheit auszukommen (so *Mörsdorf*, Ungleichbehandlung [Fn. 8], S. 37), kaum nachvollziehbar erscheint. Umgekehrt trifft es aber auch nicht zu, dass diese Lehre den Begriff der Persönlichkeitsrechtsverletzung mit dem der Ungleichbehandlung kurzerhand gleichsetze und so zu einer leeren Hülle ohne Aussagekraft mutieren lasse (so ebenfalls *Mörsdorf*, aaO). Die benachteiligende Ungleichbehandlung wegen eines vom AGG erfassten Merkmals in den sachlich erfassten Kontexten wird lediglich als Indiz für eine Persönlichkeitsrechtsverletzung angesehen (vgl. hierzu nur auch *Lehner*, aaO, S. 229 ff.).

25 *Bader*, Diskriminierungsschutz (Fn. 6), S. 139; *Lobinger*, AcP 216 (2016), 28 (84); *Riesenhuber*, in: Riesenhuber/Nishitani (Hrsg.), Wandlungen oder Erosion der Privatautonomie?, 2007, S. 19 (45); *Mohr*, in: Giesen/Junker/Rieble (Hrsg.), Systembildung im europäischen Arbeitsrecht, 2016, S. 55 (69 ff.); vgl. im Ansatz auch *Rothballer*, Berufliche Anforderungen im AGG, 2016, S. 31.

26 Dazu *Lobinger*, Entwicklung (Fn. 6), S. 40 ff.

ziellen Vertragspartnern abgesprochen hat.[27] An einem Verstoß gegen das Verbot unmittelbarer Benachteiligungen fehlt es deshalb auch von vornherein, wenn die Ungleichbehandlung trotz Merkmalsträgerschaft ausschließlich aus anderen als den verbotenen Gründen erfolgt, was regelmäßig dann der Fall ist, wenn dem Entscheidenden das Merkmal überhaupt nicht bekannt ist.[28]

Neben der damit ohnehin immer schon latent persönlichkeitsrechtsverletzenden unmittelbaren Diskriminierung nennt § 3 AGG – wiederum in Übereinstimmung mit den zugrundeliegenden europäischen Richtlinien – ferner ausdrücklich auch die Benachteiligungsformen der Belästigung sowie der sexuellen Belästigung. In beiden Fällen wird explizit eine Würdeverletzung gefordert, womit der Bezug zum persönlichkeitsrechtlichen Integritätsschutz aller Zweifel enthoben wird. Aus systematischen Gründen stützt dies dann aber auch nochmals ein entsprechendes Verständnis der anderen im AGG und in den Richtlinien genannten Benachteiligungsformen. Für egalitaristisch-teilhaberechtliche Konzeptionen müssen die Benachteiligungsformen der Belästigung und der sexuellen Belästigung dagegen von vornherein als Fremdkörper innerhalb des Antidiskriminierungsrechts erscheinen.[29]

---

27 Vgl. auch Erman/*Armbrüster*, BGB, 16. Aufl. 2020, § 19 AGG Rn. 1.

28 Siehe hierzu nur etwa Erman/*Armbrüster*, BGB, 16. Aufl. 2020, § 3 AGG Rn. 8, 10; *Bauer/Krieger/Günther*, Gleichbehandlungsgesetz und Entgelttransparenzgesetz, 5. Aufl. 2018, § 7 AGG Rn. 13; BeckOK ArbR/*Roloff*, 64. Ed. (1.6.2022), § 3 AGG Rn. 12; MüKoBGB/*Thüsing*, Band 1, 9. Aufl. 2021, § 3 AGG Rn. 8 f.; vgl. auch Wendeling-Schröder/Stein/*Wendeling-Schröder*, AGG, 2008, § 3 Rn. 7.

29 MüKoBGB/*Thüsing*, Band 1, 9. Aufl. 2021, § 3 AGG Rn. 56 ff. hält deshalb die Zusammenfassung des Schutzes gegen Ungleichbehandlungen und Belästigungen im Antidiskriminierungsrecht tatsächlich für systemwidrig, weil es nur bei letzteren um eine Verletzung der Würde und des Persönlichkeitsrechts gehe, wohingegen Diskriminierungsverbote das Unrecht zu vermeiden suchten, das dadurch entstehe, „dass ein an sich legitimes Verhalten durch gleichheitswidrige Unterscheidung ungerecht wird" (s. aaO, Rn. 57). Zu dieser Feststellung kann *Thüsing* allerdings nur deshalb gelangen, weil er die entscheidende Frage danach, was den Unrechtsgehalt/die Ungerechtigkeit einer „gleichheitswidrigen Unterscheidung", die „an sich legitim" ist, eigentlich begründet, nicht stellt. Die Antwort hierauf aber könnte nur lauten, dass dies die in der Unterscheidung zum Ausdruck kommende Geringschätzung bzw. Herabsetzung der benachteiligten Person ist – und damit gerade auch hier die Beeinträchtigung des Persönlichkeitsrechts (vgl. hierzu auch *Lehner*, Zivilrechtlicher Diskriminierungsschutz [Fn. 6], S. 175). Anders als *Thüsing* will *Grünberger*, Gleichheit (Fn. 8), S. 666 ff. die „Belästigung" und die „sexuelle Belästigung" von vornherein aus dem engeren Kontext des persönlichkeitsrechtlichen Integritätsschutzes lösen und primär als Tatbestände einer Ungleichbehandlung lesen, durch die soziale Hierarchien konstruiert und perpetuiert würden. Gerade bei den Belästigungstatbeständen wird allerdings besonders deutlich,

In ein persönlichkeitsrechtliches Integritätsschutzkonzept fügt sich schließlich auch § 19 AGG nahtlos ein. Hiernach beschränkt sich der sachliche Anwendungsbereich des allgemeinen zivilrechtlichen Benachteiligungsverbots auf Geschäfte, bei denen das Ansehen der Person typischerweise keine oder allenfalls eine nachrangige Rolle spielt. Denn bei solchen Geschäften erfolgt die Zurückweisung wegen eines der verpönten Merkmale nunmehr anders als bei allen anderen Interessenten doch gerade in Ansehung der Person, was auf Anhieb auf eine fehlende Anerkennung der grundlegenden Gleichwertigkeit der Betroffenen schließen lässt und damit immer auch den Beigeschmack einer Herabwürdigung in sich trägt.

c) Die integritätsschützende Ausrichtung der Haftungsinhalte und -folgen im AGG

Die primär persönlichkeitsrechtsschützende Funktion des AGG spiegelt sich schließlich auch in dessen Rechtsfolgen- und Haftungsvorschriften.[30] So findet sich im Gesetz – auch hier in voller Übereinstimmung mit den europäischen Vorgaben – insbesondere keine Anordnung eines Kontrahierungszwangs. Das AGG schließt ihn in seinem § 15 Abs. 6 AGG für das Arbeitsrecht sogar ausdrücklich aus, um dann allerdings mit dem Hinweis auf eventuelle andere Rechtsgrundlagen und seinem Schweigen betreffend den allgemeinen Zivilrechtsverkehr (s. das Fehlen eines Pendants zu § 15 Abs. 6 AGG in § 21 AGG) durchaus noch Verwirrung zu stiften. Immerhin ist damit an dieser Stelle klar zu sehen: Ein auf Umverteilung und die Erweiterung von Teilhabe zielendes Gesetz müsste den Kontrahierungszwang klar an die Spitze stellen und im Weiteren dann Ausnahmeregelungen für Unzumutbarkeitsfälle schaffen. Gerade so geht das AGG aber nicht vor. Es enthält vielmehr, bei allen Unvollständigkeiten und Unklarheiten im Einzelnen, ein klassisches, auf den Schutz bereits bestehender Rechte zielendes Rechtsfolgenarsenal, wobei die Schadensersatzhaftung klar im Mittelpunkt steht (§§ 15, 21 AGG). Speziell in deren Rahmen enthält das Gesetz sodann aber auch noch einen wichtigen Hinweis auf seine Grundausrichtung. So trifft es in § 15 Abs. 2 S. 2 AGG eine Entschädigungsregelung für Fälle, in denen das Diskriminierungs-

---

dass es um den individuellen Schutz der betroffenen Person unabhängig davon geht, ob die Benachteiligung parallel zu gesellschaftlichen Konfliktlinien erfolgt (s. hierzu bereits o. II. 2. b)). Siehe zum Ganzen auch schon *Lobinger*, AcP 216 (2016), 28 (90).

30 Vgl. hierzu mit Blick auf das europäische Recht auch schon *Lobinger*, Entwicklung (Fn. 6), S. 41.

opfer auch bei benachteiligungsfreier Auswahl nicht eingestellt worden wäre. Selbst dann haftet der Arbeitgeber, allerdings in der Summe gedeckelt. Diese Regelung lässt sich mit einer verteilungs- bzw. integrationspolitischen Grundkonzeption nicht mehr erklären, ohne sie massiv mit reinen Sanktionselementen aufzuladen.[31] Denn wenn es auch legitime Gründe gab, den Vertrag zu verweigern, hat der betroffene Bewerber ersichtlich keinen Teilhabe-Schaden wegen des unterbliebenen Vertragsabschlusses und müsste folglich leer ausgehen. Ganz anders stellt sich dies dagegen dar, sobald man die eigentliche Rechtsverletzung nicht in der Vereitelung von Teilhabe durch Vertragsverweigerung, sondern in dem hiervon gedanklich zu trennenden Umstand einer Persönlichkeitsrechtsverletzung erblickt. Denn diese kann eben immer auch schon deutlich vor und unabhängig von der eigentlichen Entscheidung über einen Vertragsschluss erfolgen, insbesondere dadurch, dass Bewerber aufgrund eines verpönten Merkmals von vornherein nicht berücksichtigt und damit nicht einmal für wert befunden werden, sich mit ihren individuellen Qualifikationen für die fragliche Stelle näher zu befassen.

III. Einzelfragen

1. Mittelbare Diskriminierung

Die Benachteiligungsform der mittelbaren Diskriminierung, wie sie sich in Orientierung am europäischen Recht in § 3 Abs. 2 AGG geregelt findet, gehört zu den umstrittensten Erscheinungen des Antidiskriminierungsrechts.[32] Weit und als ein rein statistisches Konzept verstanden, hat sie das Potenzial, den Einzelnen unabhängig von jeder Zurechenbarkeit im Rechtssinne für das Bestehen und die Änderung politisch missliebiger gesellschaftlicher Zustände verantwortlich zu machen.[33] Sie könnte sich danach bis hinein in schlichte Preisgestaltungen auswirken. Denn wer etwa in einem Viertel mit markantem Anteil neu zugezogener ethnisch fremder Familien ein Geschäft betreibt, in dem die Preise ohne betriebswirtschaftlichen Zwang so hoch gesetzt werden, dass sich die Inanspruchnahme der angebotenen Dienste regelmäßig nur

---

31 Vgl. die erkennbaren Schwierigkeiten bei *Grünberger/Reinelt,* Konfliktlinien (Fn. 8), S. 65 f., die hierin eine Sanktionsnorm mit Dreifachfunktion erblicken.

32 Vgl. nur etwa *Adomeit/Mohr*, RdA 2011, 102 (105 f.); *Pfeiffer*, in: Heldrich/Prölss/Koller (Hrsg.), Festschrift für Claus Wilhelm Canaris zum 70. Geburtstag, Band 1, 2007, S. 981 (981 ff.).

33 Siehe *Grünberger*, Gleichheit (Fn. 8), S. 661, der dies auch für richtig hält.

noch die angestammte deutsche, nicht mehr aber auch die neu zugezogene Bevölkerung leisten kann, benachteiligt mit dem neutralen Kriterium des Preises resp. der Zahlungskraft rein tatsächlich die Mitglieder einer bestimmten Ethnie.[34]

Indes ist ein solches weites Verständnis der mittelbaren Diskriminierung schon nach dem Wortlaut der Regelung nicht zwingend.[35] Hiernach kann man die Figur vielmehr auch als einen Umgehungstatbestand begreifen: Die verbotene unmittelbare Diskriminierung soll nicht dadurch realisiert werden können, dass man sie hinter neutralen Merkmalen gleichsam versteckt.[36] Für eine solche Sicht spricht grammatisch der Hinweis auf lediglich *„dem Anschein nach"* neutrale Kriterien und systematisch die bewusst gleichwertige Erfassung mit den Tatbeständen der unmittelbaren Diskriminierung und der Belästigung. In diese Richtung deutet vor allem aber auch der bereits auf Tatbestandsebene angesiedelte Einwand einer in der Verfolgung legitimer Ziele ruhenden sachlichen Rechtfertigung. Denn legitimes Ziel in diesem Sinne ist richtigerweise jeder frei gewählte legale Zweck – mit Ausnahme eben nur der Benachteiligung wegen eines verpönten Merkmals.[37] Als Umgehungsverbot verstanden, muss das einschlägige Verhalten für die Annahme einer haftungsrelevanten mittelbaren Diskriminierung darüber hinaus aber stets auch noch eine merkmalsspezifische Tendenz aufweisen.[38] Andernfalls

34 Siehe hierzu auch schon *Lobinger*, AcP 216 (2016), 28 (94).

35 Dazu, dass es auch nicht den Anfangsgründen der mittelbaren Diskriminierung entspricht, siehe nur EuGH 31.3.1981 – Rs. 96/80 (Jenkins), ECLI:EU:C:1981:80 (Rn. 10 f.).

36 So auch die Grundkonzeption des EuGH 31.3.1981 – Rs. 96/80 (Jenkins), ECLI:EU:C:1981:80 (Rn. 14 f.); s. auch schon *Lobinger*, Entwicklung (Fn. 6), S. 43 und vgl. aus der Literatur ferner MüKoBGB/*Thüsing*, Band 1, 9. Aufl. 2021, § 3 AGG Rn. 29, allerdings auf abweichender konzeptioneller Basis; dezidiert ablehnend gegenüber einer solchen Konzeption etwa *Grünberger*, Gleichheit (Fn. 8), S. 659 ff.; kritisch auch *Schramm*, Ungewisse und diffuse Diskriminierung, 2013, S. 36 ff., der allerdings sachlich nicht weit hiervon entfernt ist, wenn er auch bei der mittelbaren Diskriminierung gerade Merkmalskausalität verlangt: erforderlich sei, dass die benachteiligend wirkenden Kriterien dem geschützten Merkmal zurechenbar seien (so *Schramm*, aaO, S. 54); abstrakt deutlich weitergehend EuGH 16.7.2015 – C-83/14 (CHEZ Razepredelenie Bulgaria AD), ECLI:EU:C:2015:480 (Rn. 96).

37 Siehe EuGH 31.3.1981 – Rs. 96/80 (Jenkins), ECLI:EU:C:1981:80 (Rn. 10 f.); im Kern auch noch EuGH 3.10.2006 – C-17/05 (Cadman), ECLI:EU:C:2006:633 (Rn. 31 f.); s. zum deutschen Recht nur auch BAG 28.1.2019 – 2 AZR 764/08, NZA 2010, 625 (Rn. 19); BAG 15.11.2012 – 6 AZR 359/11, NZA 2013, 629 (Rn. 42); BAG 16.10.2014 – 6 AZR 661/12, BeckRS 2014, 74116 (Rn. 50); *Bader*, Diskriminierungsschutz (Fn. 6), S. 152.

38 Vgl. *Hanau/Preis*, ZFA 1988, 177 (189 f.); ähnlich auch *Schramm*, Diskriminierung (Fn. 36), S. 54, wenn er die Zurechenbarkeit des benachteiligenden Kriteriums zum geschützten Merkmal verlangt, weil es damit ja regelmäßig um merkmals*typische* Kri-

läuft man Gefahr, unter der Hand ein neues, vom AGG gerade nicht mehr erfasstes Diskriminierungsmerkmal zu schaffen.

2. Kontrahierungszwang

a) Wie bereits angedeutet, stiftet das AGG mit seinen Regelungen in der Frage eines Kontrahierungszwangs eher Verwirrung als Klarheit. § 15 Abs. 6 AGG schließt einen solchen für das Arbeitsrecht grundsätzlich aus, hält es aber für möglich, dass er sich aus einem anderen Rechtsgrund ergibt. Über den allgemeinen Zivilrechtsverkehr schweigt sich das Gesetz völlig aus. Der Meinungsstand im Schrifttum ist entsprechend breit gefächert. Vor allem wird darüber gestritten, ob sich im allgemeinen Zivilrechtsverkehr ein Kontrahierungszwang aus § 21 Abs. 1 S. 1 AGG als Beseitigungsanspruch oder auch aus § 21 Abs. 2 S. 1 AGG als Ausprägung der schadensersatzrechtlichen Naturalrestitution ergeben könne.[39] Das Unionsrecht, immerhin darüber besteht Einigkeit, fordert keinen Kontrahierungszwang.[40]

b) Der Streit um einen Kontrahierungszwang nach dem AGG zeigt besonders deutlich, dass man eine in sich schlüssige und rational nachvollziehbare Lösung erst dann finden kann, wenn man die grundlegende dogmatische

---

terien gehen muss, was dann auch zumeist die hier geforderte merkmalsspezifische Tendenz des Verhaltens begründen wird; s. hierzu wiederum auch schon *Lobinger,* Entwicklung (Fn. 6), S. 43.

39 In der Sache für einen Kontrahierungszwang etwa *Arnold*, Verteilung (Fn. 8), S. 388 f.; Däubler/Beck/*Deinert*, AGG, 5. Aufl. 2022, § 21 Rn. 28 ff., 83 ff.; *Grünberger,* Gleichheit (Fn. 8), S. 729; Staudinger/*Rolfs*, Neubearbeitung 2021, § 21 AGG Rn. 9 f.; *Schwab,* DNotZ 2006, 649 (667); *Sprafke*, Diskriminierungsschutz durch Kontrahierungszwang (Fn. 7), S. 254 ff. (zusammenfassend); MüKoBGB/*Thüsing*, Band 1, 9. Aufl. 2021, § 21 AGG Rn. 17 ff.; *ders./von Hoff,* NJW 2007, 21 (21 ff.); *Wagner/Potsch,* JZ 2006, 1085 (1098); dagegen insbesondere *Armbrüster*, NJW 2007, 1494 (1496 ff.); Erman/*ders.*, BGB, 16. Aufl. 2020, § 21 AGG Rn. 18; *Bachmann,* ZBB 2006, 257 (265 f.); *Bader*, Diskriminierungsschutz (Fn. 6), S. 396 ff.; *Hartmann*, in: Eckpfeiler (Fn. 6), Rn. B 70, 74; *Lobinger,* Entwicklung (Fn. 6), S. 28 Fn. 81.

40 Siehe EuGH 10.4.1984 – Rs. 14/83 (Colson und Kamann), ECLI:EU:C:1984:153 (Rn. 19); weder Art. 15 RL 2000/43/EG und deren Erwägungsgrund 26 noch Art. 14 RL 2004/113/EG und deren Erwägungsgrund 27 fordern ausdrücklich einen Kontrahierungszwang als Sanktion ein, sondern überlassen den Mitgliedstaaten die Auswahl der Sanktionen. Daher plädieren gegen einen europarechtlichen Zwang zur Etablierung eines Kontrahierungszwangs sowohl die Befürworter als auch die Gegner eines Kontrahierungszwangs auf Basis des deutschen Rechts, s. nur MüKoBGB/*Thüsing*, Band 1, 9. Aufl. 2021, § 21 AGG Rn. 2; Däubler/Beck/*Deinert*, AGG, 5. Aufl. 2022, § 21 Rn. 84; *Armbrüster*, NJW 2007, 1494 (1495).

Einordnung privatrechtlicher Diskriminierungsverbote geklärt hat. Versteht man diese Verbote als besondere Ausprägung des Persönlichkeitsrechtsschutzes, muss ein Kontrahierungszwang im Grundsatz folgerichtig ausscheiden. So liegt die Rechtsbeeinträchtigung bei einem Verstoß gegen Diskriminierungsverbote erkanntermaßen gerade nicht in der Verweigerung des Vertragsschlusses als solcher, sondern im Rückgriff auf das unzulässige Merkmal bei der Willensbildung. Die für § 21 Abs. 1 S. 1 AGG relevante Beeinträchtigung ist folglich aber mit der endgültigen Entscheidung über den in Frage stehenden Vertrag beendet.[41] Denn einen auf den potenziellen Vertragspartner bezogenen Willensbildungsprozess, der wegen des Rückgriffs auf ein entsprechendes Merkmal im tatsächlichen Sinne „gestört“ ist und dadurch zugleich im Rechtssinne stört, gibt es dann nicht mehr. Es kann deshalb auch nicht mehr um die „Beseitigung“ einer aktuellen Persönlichkeitsrechtsbeeinträchtigung gehen, sondern allein noch um eine Korrektur der durch die abgeschlossene Beeinträchtigung herbeigeführten Folgen, namentlich also um Ausgleich durch Schadensersatz.[42] Aber selbst wenn die Entscheidung noch offen ist, weil es etwa wie beim Verkauf von Massenware um beinahe beliebig reproduzierbare Geschäfte geht und nicht um eine von vornherein begrenzte Zahl von Vertragsschlüssen wie bei der Vermietung einer Wohnung oder der Besetzung einer Stelle, wäre die in der merkmalsbedingten Nichtberücksichtigung liegende Beeinträchtigung des Persönlichkeitsrechts nicht durch den Abschluss des Vertrags zu beseitigen, sondern dadurch, dass der Willensbildungsprozess ohne Berücksichtigung des verbotenen Merkmals durchgeführt wird. Negatorisch kann es also allenfalls einen „Neubescheidungsanspruch“ geben, der keineswegs immer zum Vertragsschluss führen muss, wenn etwa die für alle geltende Bonitätsprüfung negativ ausfällt oder ähnliche andere Gründe vorliegen.[43]

---

41 Vgl. hierzu nur *Altenhain*, Negatorischer Ehrschutz, 2003, S. 140 f.; *Schwerdtner*, Das Persönlichkeitsrecht in der deutschen Zivilrechtsordnung – Offene Probleme einer juristischen Entdeckung, 1977, S. 319, 323; *Stark*, Ehrenschutz in Deutschland, 1996, S. 160 f.

42 Siehe auch schon *Lobinger*, Entwicklung (Fn. 6), S. 28 Fn. 81; *dens.*, AcP 216 (2016), 28 (96 f.).

43 Beispielhaft übersehen etwa von *Sprafke*, Diskriminierungsschutz durch Kontrahierungszwang (Fn. 7), S. 217, 224; MüKoBGB/*Thüsing*, Band 1, 9. Aufl. 2021, § 21 AGG Rn. 17; in der Sache versucht man dies dadurch unschädlich zu machen, dass man für den Kontrahierungszwang gem. § 21 Abs. 1 AGG ein besonderes Kausalitätserfordernis einführt; der Anspruch soll nur dann bestehen, wenn der Vertrag bei Hinwegdenken der Benachteiligung auch tatsächlich geschlossen worden wäre (s. *Sprafke*, Diskriminierungsschutz durch Kontrahierungszwang [Fn. 7], S. 233 f.; MüKoBGB/*Thüsing*,

c) Kommt ein negatorischer Anspruch wegen abgeschlossener Rechtsbeeinträchtigung nicht in Betracht, kann auch eine schadensersatzrechtliche Naturalrestitution regelmäßig nicht zum Anspruch auf Vertragsschluss führen. Denn der Schaden besteht bei einer persönlichkeitsrechtlichen Einordnung der Diskriminierungsverbote zweifelsfrei nur in der erlittenen persönlichkeitsrechtlichen Kränkung durch die merkmalsbedingte pauschale Nichtberücksichtigung. Dieser immaterielle Schaden aber ist nach geltendem Recht durch eine angemessene Geldentschädigung auszugleichen (§ 15 Abs. 2, § 21 Abs. 2 S. 3 AGG). Schadensersatz für den entgangenen Vertragsschluss kann es gem. § 15 Abs. 1 AGG oder § 21 Abs. 2 S. 1 AGG nur dann geben, wenn feststeht, dass der Vertrag bei diskriminierungsfreier Behandlung auch tatsächlich abgeschlossen worden wäre. Das aber darf, weil die Unterscheidungsverbote des AGG die Privatautonomie im Übrigen unbehelligt lassen, nicht kurzerhand vermutet werden. So hätten hiernach auch zahlreiche andere Gründe noch zur Vertragsablehnung führen können. Selbst wenn das zu verneinen sein sollte, scheidet Naturalrestitution gem. § 21 Abs. 2 AGG i.V.m. § 249 Abs. 1 BGB aber jedenfalls dann aus,[44] wenn die Ware inzwischen vollständig verkauft oder die Wohnung anderweitig vergeben wurde und auch eine andere gleichwertige Ware oder Wohnung nicht zur Verfügung steht (§ 251 Abs. 1 BGB). Dass sich daneben evtl. aus § 826 BGB ein Kontrahierungszwang ergeben kann, steht auf einem anderen Blatt.[45] Denn hierfür müssten dann auch die engen Voraussetzungen für einen solchen allgemeinen Kontrahierungszwang vorliegen (Stichworte: existenziell bedeutsames Gut, monopolartige Stellung). Mit den regulären Rechtsfolgen des AGG hätte das alles aber nichts mehr zu tun.

Band 1, 9. Aufl. 2021, § 21 AGG Rn. 23 ff.). Das sind allerdings rein schadensersatzrechtliche Überlegungen, die bei einem negatorischen Beseitigungsanspruch dogmatisch fehlplatziert sind.

44 Bei einem Schadensersatzanspruch gem. § 15 Abs. 1 AGG scheidet ein Kontrahierungszwang als Naturalrestitution schon deshalb aus, weil ein solcher gem. § 15 Abs. 6 AGG einen anderen Rechtsgrund erfordert. § 249 Abs. 1 BGB schafft als bloße haftungsausfüllende Norm aber keinen solchen Rechtsgrund. Haftungsbegründend bleibt allein § 15 AGG.

45 *Lobinger,* AcP 216 (2016), 28 (97 f.); *Hartmann,* in: Eckpfeiler (Fn. 6), Rn. B 74.

3. Schadensersatzrechtliches Verschuldensprinzip

Die Schadensersatzansprüche des AGG folgen im Ausgangspunkt dem allgemeinen Verschuldensprinzip des deutschen Schadensersatzrechts, kehren aber die Beweislast in diesem Punkt zugunsten des Diskriminierungsopfers um (s. §§ 15 Abs. 1, 21 Abs. 2 AGG). Die ganz herrschende Ansicht in Deutschland hält dies allerdings für unionsrechtswidrig und geht vom Erfordernis einer verschuldensunabhängigen Schadensersatzhaftung aus.[46] Die Reparaturvorschläge sind dann mehr oder weniger radikal. Wohl herrschend will man sich dadurch „retten", dass man die erkennbar als reine Haftungsfolgennorm konzipierte Entschädigungspflicht nach § 15 Abs. 2 AGG als verschuldensunabhängige haftungsbegründende Norm ansieht.[47] Weiter geht der Vorschlag, die Exkulpationsregelung auf Basis der – allerdings hochproblematischen! – sog. Mangold-Doktrin des EuGH[48] unter Rückgriff auf

46 Siehe hierfür nur auch das Vertragsverletzungsverfahren der Kommission (Vertragsverletzung-Nr. 2007/2362, Aufforderungsschreiben der Kommission v. 31.1.2008, K [2008] 0103, S. 9 f., das allerdings am 28.10.2010 eingestellt wurde, s. Pressemitteilung der Kommission IP/10/1429, abrufbar unter http://europa.eu/rapid/press-release_IP-10-1429_de.htm [zuletzt abgerufen am 9.8.2022]); *Deinert*, DB 2007, 398 (399); *Stoffels*, RdA 2009, 204 (210 f.); *Thüsing*, Arbeitsrechtlicher Diskriminierungsschutz, 2013, Rn. 540, 549 (= MüKoBGB/*ders.*, Band 1, 9. Aufl. 2021, § 15 AGG Rn. 24 f., 33); *Wagner/Potsch*, JZ 2006, 1085 (1091).

47 Siehe hierfür nur etwa BAG 22.8.2013 – 8 AZR 574/12, AP Nr. 21 zu § 81 SGB IX (Rn. 26); BAG 26.6.2014 – 8 AZR 547/13, ZTR 2014, 731 (Rn. 24); *Bauer/Evers*, NZA 2006, 893 (896); Jauernig/*Mansel*, 15. Aufl. 2014, § 15 AGG Rn. 4; Staudinger/*Serr*, Neubearbeitung 2020, § 15 AGG Rn. 39; offen auch *Benecke*, in: Brose/Greiner/Rolfs/Sagan/Schneider/Stoffels/Temming/Ulber (Hrsg.), Grundlagen des Arbeits- und Sozialrechts, Festschrift für Ulrich Preis zum 65. Geburtstag, 2021, S. 73 (75 f.); dazu, dass dies dogmatisch schwer haltbar ist, s. nur *Bader*, Diskriminierungsschutz (Fn. 6), S. 325 ff.; *Thüsing*, Arbeitsrechtlicher Diskriminierungsschutz (Fn. 46), Rn. 516 (= MüKoBGB/*ders.*, Band 1, 9. Aufl. 2021, § 15 AGG Rn. 5); die hM flüchtet hier erkennbar in reine Zweckkonstruktionen, um die – zu Unrecht – angenommene Unionsrechtswidrigkeit der dem Verschuldensprinzip folgenden Haftungsregelung wenigstens ein Stück weit vermeiden zu können.

48 Hiernach darf ein nationales Gericht eine Vorschrift dann nicht anwenden, wenn dadurch ein primärrechtlich verankertes Grundrecht verletzt würde; grundlegend EuGH 22.11.2005 – C-144/04 (Mangold), ECLI:EU:C:2005:709 (Rn. 78); s. ferner EuGH 19.1.2010 – C-555/07 (Kücükdeveci), ECLI:EU:C:2010:21 (Rn. 56); EuGH 19.4.2016 – C-441/14, (Dansk Industri), ECLI:EU:C:2016:278 (Rn. 43); EuGH 17.4.2018 – C-414/16 (Egenberger), ECLI:EU:C:2018:257 (Rn. 82); EuGH 6.11.2018 – C-684/16 (Max-Planck-Gesellschaft), ECLI:EU:C:2018:874 (Rn. 81).

Art. 21 EU-GRCh kurzerhand für unanwendbar zu erklären.[49] Auch machen sich z.T. die verschiedenen Grundkonzeptionen bemerkbar. Denn für einen egalitaristisch-teilhaberechtlichen Ansatz erscheint jede Beschränkung der Haftung nur hinderlich auf dem Weg zum Ziel.[50] Für einen integritätsschützenden Ansatz ist dagegen in höchstem Maße erklärungsbedürftig, warum die zivilrechtliche Haftung für Persönlichkeitsrechtsverletzungen kategorial schärfer ausgestaltet sein sollte als etwa die zivilrechtliche Haftung bei einer Verletzung so kapitaler Rechtsgüter wie Leben, Körper, Gesundheit, Freiheit und sexuelle Selbstbestimmung.

Als „Kronzeugen" für die behauptete Europarechtswidrigkeit werden regelmäßig die EuGH-Judikate *Dekker*[51] und *Draehmpaehl*[52] herangezogen. Untersucht man diese Entscheidungen genauer, stellt man allerdings fest, dass sich der Gerichtshof in der Entscheidung *Dekker* allein gegen Schadensersatzregelungen gewandt hat, die den *Nachweis* eines Verschuldens erfordern, wie das auch in der streitgegenständlichen niederländischen Regelung der Fall war.[53] In der Entscheidung *Draehmpaehl* formuliert der Gerichtshof zwar weitergehend, zitiert hierfür aber allein das engere Urteil *Dekker* – und das sogar im Wortlaut.[54] Dieser Entscheidung sollte deshalb ersichtlich nichts hinzugefügt werden, zumal auch hier die streitgegenständliche Norm (§ 611a BGB a.F.) einen Verschuldensnachweis erforderte und damit gar kein Anlass für weitergehende Aussagen bestand. Eine Haftung für vermutetes Verschulden, wie sie heute das AGG vorsieht, war folglich nie Gegenstand der einschlägigen Entscheidungen und ist von deren *ratio decidendi* auch nicht umfasst.[55] Eine Schadensersatzhaftung mit Verschuldensvermutung ist zivilrechtlich hinreichend wirksam, verhältnismäßig und abschreckend im Sinne

49 *Grünberger/Reinelt*, Konfliktlinien (Fn. 8), S. 56; BeckOGK/*Benecke*, 1.6.2022, § 15 AGG Rn. 33.3; Däubler/Beck/*Deinert*, AGG, 5. Aufl. 2022, § 15 Rn. 31, 70; Schiek/Kocher/*Kocher*, AGG, 2007, § 15 Rn. 20; ErfK/*Schlachter*, 22. Aufl. 2022, § 15 AGG Rn. 3, 6.

50 Vgl. *Grünberger/Reinelt*, Konfliktlinien (Fn. 8), S. 54 f.; *Mörsdorf*, Ungleichbehandlung (Fn. 8), S. 414 ff.

51 EuGH 8.11.1990 – C-177/88 (Dekker), ECLI:EU:C:1990:383.

52 EuGH 22.4.1997 – C-180/95 (Draehmpaehl), ECLI:EU:C:1997:208.

53 Siehe hierzu nur *Bader*, Diskriminierungsschutz (Fn. 6), S. 69 f., 76 ff., 333 f.; übersehen auch wieder von *Zoppel*, Diskriminierungsverbote (Fn. 8), S. 152 f.

54 EuGH 22.4.1997 – C-180/95 (Draehmpaehl), ECLI:EU:C:1997:208 (Rn. 17 ff.).

55 *Bader*, Diskriminierungsschutz (Fn. 6), S. 333 f.; Zweifel an der Tragweite der Entscheidungen *Dekker* und *Draehmpaehl* auch bei *Benecke*, in: FS Preis (Fn. 47), S. 73 (75 f.).

der Richtlinienvorgaben.[56] Selbst wenn man dies bezweifeln wollte, besteht Nachbesserungsbedarf aber nicht zwangsläufig im Zivilrecht. Denn ein Wirksamkeits- und Abschreckungsdefizit lässt sich ggf. ebenso durch flankierende Buß- oder gar Strafvorschriften beheben.[57] Auch der EuGH hat seine strengen Vorgaben erkennbar nur für den Fall einer auf das Zivilrecht beschränkten Richtlinienumsetzung gemacht.[58]

IV. Fortbildungsbedarf im Antidiskriminierungsrecht?

1. Die Primärzuständigkeit des öffentlichen Rechts für die Verwirklichung überindividueller integrationspolitischer Ziele

Stellen wir uns abschließend noch die Frage nach einem etwaigen Fortbildungs- oder auch Effektivierungsbedarf im Antidiskriminierungsrecht, ergibt sich aus meinen Thesen folgende grundlegende Weichenstellung: Wer Bedarf sieht, die Teilhabemöglichkeiten bestimmter Gruppen in der Gesellschaft zu verbessern, sollte dieses Ziel mit den Mitteln des *öffentlichen Rechts* verfolgen. Hier finden sich die geborenen Instrumente, um Gemeinwohlinteressen zu realisieren, und hier herrscht in der Tat auch der Gleichheitsgrundsatz.[59] Dabei werden in erster Linie allerdings nicht eingreifende, sondern unterstüt-

56 So iErg auch BVerwGE 147, 244 (Rn. 57 f.), allerdings ausgehend von der verfehlten (s.o. bei und in Fn. 47) Vorstellung, § 15 Abs. 2 AGG sei eine (verschuldensunabhängige) haftungsbegründende Norm (sympathisierend mit der Argumentation des BVerwG *Benecke*, in: FS Preis [Fn. 47], S. 73 [76]). Nicht hinreichend berücksichtigt wird in den Diskussionen heute zumeist auch, dass die nach den Entscheidungen *Dekker* und *Draehmpaehl* verabschiedeten Gleichbehandlungsrichtlinien 2004/113/EG und 2006/54/EG erstmals auch eigene Regelungen über eine Schadensersatzpflicht enthalten und diese nicht mehr nur aus der – daneben fortbestehenden – allgemeinen Sanktionsregelung abzuleiten ist. Diese Schadensersatzregelungen aber stellen explizit fest, dass die Ersatzpflicht „gemäß den von den Mitgliedstaaten festzulegenden Modalitäten" bzw. „je nach den Rechtsvorschriften der Mitgliedstaaten" tatsächlich und wirksam auszugestalten ist (Art. 8 Abs. 2 RL 2004/113/EG und Art. 18 RL 2006/54/EG). Hiernach aber kann Deutschland sein allgemeines schadensersatzrechtliches Verschuldensprinzip unschwer zur Anwendung bringen, zumal darin auch nicht etwa ein Verstoß gegen das sog. Absenkungsverbot liegt, sofern man, wie §§ 15 Abs. 1, 21 Abs. 2 AGG, eine Beweislastumkehr für das Verschulden anordnet (s. hierzu nur auch *Bader*, Diskriminierungsschutz [Fn. 6], S. 334).

57 Vgl. zu entsprechenden Vorschlägen etwa *Benecke/Kern*, EuZW 2005, 360 (363 f.).

58 Vgl. EuGH 8.11.1990 – C-177/88 (Dekker), ECLI:EU:C:1990:383 (Rn. 25 f.); und auch EuGH 22.4.1997 – C-180/95 (Draehmpaehl), ECLI:EU:C:1997:208 (Rn. 18, 22).

59 Siehe hierzu auch schon *Lobinger*, in: Isensee (Fn. 5), S. 99 (114 ff.).

zende Maßnahmen gefordert sein: Verbesserung von Bildungschancen, Aufklärung und Information, Implementierung von Integrationsanreizen etc. Für besonders schwerwiegende Verletzungen des Diskriminierungsverbots mag man darüber hinaus auch über die Einführung staatlicher Sanktionen (Bußen, Strafen) nachdenken. Dies steht allerdings kaum ganz oben auf der Tagesordnung.

2. Zivilrechtlicher Fortbildungsbedarf

Sieht man in den zivilrechtlichen Diskriminierungsverboten eine besondere Ausprägung des persönlichkeitsrechtlichen Integritätsschutzes, muss man allerdings auch für das Zivilrecht über einen Fortbildungsbedarf nachdenken. Ein wesentliches Problemfeld bildet hier die begrenzte Zahl der verbotenen Unterscheidungsmerkmale.[60] Denn es ist offensichtlich, dass Persönlichkeitsrechtsverletzungen der vom AGG erfassten Art nicht nur durch Anknüpfung an die Merkmale „Rasse", ethnische Herkunft, Geschlecht, Religion oder Weltanschauung, Behinderung, Alter oder sexuelle Identität erfolgen können. Gleiches ist etwa auch denkbar, wenn an Geburt bzw. sozialen Stand, soziale Herkunft oder auch an das Aussehen (Diskriminierung wegen Fettleibigkeit oder Hässlichkeit) angeknüpft wird. Spiegel dieses Grundbefunds ist auf europäischer Ebene die erkennbare Diskrepanz zwischen Art. 19 AEUV und Art. 21 EU-GRCh. Letztere Vorschrift enthält insgesamt 17 Diskriminierungsmerkmale, die zudem nur als Regelbeispiele aufgeführt sind. Dass dies bislang nicht auch zu einem umfassenden unionsrechtlich determinierten Diskriminierungsschutz geführt hat, liegt an dem Umstand, dass die Grundrechtecharta bekanntlich keine neuen Kompetenzen der Union begründen kann (Art. 51 Abs. 2 EU-GRCh). Dies verbietet auch einen unmittelbaren Rückgriff auf Art. 21 EU-GRCh zur Schaffung neuer Diskriminierungsverbote, wie der EuGH in seiner Entscheidung *Kaltoft* zutreffend festgestellt hat.[61]

Mit diesen Hinweisen ist bereits die Brücke geschlagen zu einem Thema, das in diesem Band mit dem Schlagwort des postkategorialen Antidiskrimi-

60 Siehe hierzu bereits *Lobinger*, in: Isensee (Fn. 5), S. 99 (143 f.); *dens.*, Entwicklung (Fn. 6), S. 47 ff.; sowie auch *Hartmann*, in: Eckpfeiler (Fn. 6), Rn. B 9; *dens.*, EuZA 2019, 24 (24 ff.); *Bader*, Diskriminierungsschutz (Fn. 6), S. 157 ff.; *Lehner*, Zivilrechtlicher Diskriminierungsschutz (Fn. 6), S. 178 f.; trotz abweichender Grundkonzeption auch *Baer*, ZRP 2002, 290 (294); s. ferner zum Problem *Erbil*, in diesem Band S. 41 ff.

61 EuGH 18.12.2014 – C-354/13 (Kaltoft), ECLI:EU:C:2014:2463 (Rn. 39).

nierungsrechts zu Recht eigens adressiert ist und dem hier nicht vorgegriffen werden soll. Weil dieses Thema allerdings regelmäßig unter dem Aspekt des Reformbedarfs diskutiert wird, soll hier noch eine Frage zur *lex lata* aufgeworfen werden, die bislang in den deutschen Diskussionen unterbelichtet erscheint. Denn auch wenn wegen der skizzierten unionsrechtlichen Lage ein Ausbau des Antidiskriminierungsrechts unter dem Aspekt der verbotenen Unterscheidungskriterien durch Brüssel nicht zu erwarten ist, stellt sich doch die Frage nach einem Zwang zum Ausbau aufgrund nationalen Verfassungsrechts. Mit Blick auf Diskriminierungen wegen Merkmalen, die unionsrechtlich nicht verbindlich vorgegeben sind, befinden wir uns im Bereich des nicht vollständig unionsrechtlich determinierten nationalen Rechts.[62] Hier greift deshalb auch der nationale Gleichheitssatz aus Art. 3 Abs. 1 GG.[63] Damit erscheint es durchaus denkbar, dass Diskriminierungen wegen Merkmalen, die vom AGG nicht erfasst sind, die sich nach Schwere und Gewicht hiervon allerdings nicht unterscheiden, bereits nach heute geltendem Recht dem Haftungsregime des AGG unterworfen werden müssen oder zumindest unterworfen werden müssten.

3. Art. 3 Abs. 1 GG als Motor eines Ausbaus des deutschen Antidiskriminierungsrechts?

a) Die grundsätzliche Einschlägigkeit von Art. 3 Abs. 1 GG

Dieses Problem ist überaus vielschichtig und in der deutschen Rechtswissenschaft bislang nur sporadisch behandelt.[64] In unserem Rahmen ist es deshalb allenfalls möglich, die wesentlichen Problemfelder zu benennen. Dabei geht es im Ausgangspunkt zunächst darum, Diskriminierungsmerkmale zu identifizieren, die sich nach ihrer Struktur und ihrem Gewicht so wenig von

62 Dazu, dass die Antidiskriminierungsrichtlinien keine Vollharmonisierung bezwecken, s. nur etwa Art. 6 RL 2000/43/EG sowie Erwägungsgrund Nr. 25; Art. 8 RL 2000/78/EG sowie Erwägungsgrund Nr. 28; Art. 7 RL 2004/113/EG sowie Erwägungsgrund Nr. 26; Art. 27 RL 2006/54/EG; s. aus der Rspr. EuGH 10.7.2008 – C-54/07 (Feryn), ECLI:EU:C:2008:397 (Rn. 26) sowie aus der Lit. nur etwa *Hartmann*, EuZA 2019, 24 (41).

63 Siehe für die Anwendbarkeit nationaler Grundrechte bei rechtlich nicht vollständig determiniertem innerstaatlichem Recht BVerfG 6.11.2019 – 1 BvR 16/13, BVerfGE 152, 152 (Ls. 1.a), 169); spiegelbildlich gegen die Anwendbarkeit nationaler Grundrechte bei „unionsrechtlich vollständig vereinheitlichte[n] Regelungen" BVerfG 6.11.2019 – 1 BvR 276/17, BVerfGE 152, 216 (233).

64 Vgl. jetzt aber immerhin *Brockhaus/Gerdemann/Thönnes*, NVwZ 2021, 204.

den durch das AGG erfassten Merkmalen unterscheiden, dass der Ausschluss aus diesem Katalog auf Anhieb schwer einleuchten kann. Orientiert man sich hierfür im ersten Zugriff der Einfachheit halber an Art. 21 EU-GRCharta[65], wird man das fraglos nicht bei allen dort genannten Kriterien sagen können. Bei den Kriterien der Hautfarbe, der sozialen Herkunft oder auch der Geburt bestehen allerdings kaum Zweifel. Ebenso unzweifelhaft ist, dass diese Merkmale auch dann noch unterschiedlich behandelt werden, wenn man berücksichtigt, dass eine Haftung wegen Diskriminierung in solchen Fällen in Deutschland gemäß § 823 Abs. 1 BGB (Allgemeines Persönlichkeitsrecht) grundsätzlich möglich ist. Denn die Anforderungen der Rechtsprechung an die Schwere der Beeinträchtigung sind bei § 823 Abs. 1 BGB tendenziell höher.[66] Vor allem aber gibt es hier mit Blick auf das Verschulden auch keine Beweislastumkehr und schon gar keine verschuldensunabhängige Haftung, wie sie nach herrschender Meinung im AGG unionsrechtlich gefordert ist.

b) Unionsrechtliche Ungleichbehandlung als Rechtfertigungsgrund?

aa) Bevor man sich der überaus schwierigen Frage stellt, ob dieses Maß der Ungleichbehandlung insbesondere nach der aktuellen Rechtfertigungsformel des BVerfG[67] noch akzeptabel wäre und welche sachlichen Gründe sich ggf. für eine solche unterschiedliche Behandlung von Diskriminierungsgründen finden lassen, muss man zunächst allerdings über eine andere, sehr grundlegende Frage in dem durch einfaches Recht, Verfassungsrecht und EU-Recht begründeten Mehrebenensystem nachdenken: Kann eine Rechtfertigung der haftungsrechtlichen Ungleichbehandlung verschiedener gleichstrukturierter und gleichgewichtiger Diskriminierungsmerkmale bereits allein darin liegen, dass der begrenzte Kriterienkatalog des AGG durch die

---

65 Als Regelbeispiele sind hier genannt: Geschlecht, „Rasse", Hautfarbe, ethnische oder soziale Herkunft, genetische Merkmale, Sprache, Religion oder Weltanschauung, politische oder sonstige Anschauung, Zugehörigkeit zu einer nationalen Minderheit, Vermögen, Geburt, Behinderung, Alter, sexuelle Ausrichtung.

66 So wird bei § 823 Abs. 1 BGB jedenfalls für die Gewährung eines immateriellen Schadensersatzanspruchs eine schwerwiegende Verletzung gefordert, s. nur BGH 15.11.1994 – VI ZR 56/94, BGHZ 128, 1 (12); BGH 5.10.2004 – VI ZR 255/03, BGHZ 160, 298 (306).

67 Vgl. zur „neuen Formel" nur BVerfG 7.10.1980 – 1 BvL 50, 89/79, 1 BvR 240/79, BVerfGE 55, 72 (88 f.); zur Weiterentwicklung hin zur sog. neuesten Formel vgl. BVerfG 26.1.1993 – 1 BvL 38, 40, 43/92, BVerfGE 88, 87 (96 f.); für die aktuell praktizierte sog. Stufenlos-Formel vgl. schließlich BVerfG 21.6.2011 – 1 BvR 2035/07, BVerfGE 129, 49 (Ls. 1, 68).

europäischen Richtlinien, die ihrerseits auf einer gem. Art. 19 AEUV entsprechend begrenzten Kompetenz der EU beruhen, vorgegeben ist?[68]

bb) Die beiden denkbaren Extremlösungen müssen dabei auf Anhieb Bedenken hervorrufen:

Bejaht man pauschal eine solche Rechtfertigungsmöglichkeit etwa mit dem Hinweis auf unterschiedliche Normgeber,[69] wird das jedenfalls bei einer Konfrontation des nationalen Normenbestands mit umgesetztem Richtlinienrecht kaum dem Umstand gerecht, dass auch dieses Recht nun zum nationalen Normenbestand gehört. Aber auch in der Umsetzungsgesetzgebung sowie der vorangegangenen Mitwirkung an der europäischen Rechtssetzung liegen gewichtige Gründe, umgesetztes Richtlinienrecht und „reines" nationales Recht nicht als zwei völlig separate Rechtsmassen zu behandeln, die allein für sich stehen und deshalb auch allein für sich den jeweiligen höherrangigen Vorgaben entsprechen müssen.[70] Das gilt zumal dann, wenn es wie hier nicht um die Umsetzung von Unionsrecht mit originärem Bezug zur Binnenmarktverwirklichung geht, sodass dieser Aspekt hier auch keinen eigenständigen materiellen Rechtfertigungsgrund für Ungleichbehandlungen darstellen kann, wie das in den Fällen einer sog. Inländerdiskriminierung infolge von Gleichbehandlungspflichten aus den Grundfreiheiten wegen des dort bestehenden Binnenmarktbezugs zumeist angenommen wird.[71] Schon ganz generell müsste aber auch die Annahme befremden, dass sich der deutsche Gesetzgeber mit der partiellen Übertragung seiner Hoheitsgewalt auf die Europäische Union selbst grundlegendsten eigenen Gleichbehandlungspflichten entledigt haben könnte.

Die extreme Gegenposition erscheint indes nicht weniger problematisch. Wollte man den deutschen Gesetzgeber ähnlich einer in Österreich herrschenden Praxis[72] über Art. 3 Abs. 1 GG zu einer Angleichung von nicht har-

68 Zurecht ins Zentrum gerückt auch von *Brockhaus/Gerdemann/Thönnes*, NVwZ 2021, 204 (206).

69 Vgl. den knappen Hinweis in BVerfG 8.6.2004 – 2 BvL 5/00, BVerfGE 110, 412 (439): „Zur Beseitigung dieser Ungleichbehandlung durch zwei unterschiedliche Normgeber ist der deutsche Gesetzgeber gemäß Art. 3 Abs. 1 GG nicht verpflichtet." Hier ging es allerdings um eine Verordnung und nicht um umgesetztes Richtlinienrecht.

70 Vgl. auch *Brockhaus/Gerdemann/Thönnes*, NVwZ 2021, 204 (206).

71 Vgl. zum Rechtfertigungsgrund der Binnenmarktverwirklichung für solche Fälle der Inländerdiskriminierung nur etwa BAG 21.12.2017 – 6 AZR 245/16, AP BGB § 611 Kirchendienst Nr. 88 (Rn. 56); BAG 25.1.2018 – 6 AZR 791/16, NZA 2018, 1200 (Rn. 27).

72 Siehe hierfür nur etwa ÖVfGH 17.06.1997 – B592/96, VfSlg. 14863/1997; ÖVfGH 7.10.1997 – V76/97 u.a., VfSlg. 14963/1997; ÖVfGH 6.10.2011 – G41/10 u.a., VfSlg. 19529/2011.

monisiertem nationalen Recht an harmonisiertes Recht nach denselben strengen Maßstäben zwingen, die für Ungleichbehandlungen innerhalb des nicht harmonisierten Rechts gelten, drohte dadurch eine „gleichheitsrechtlich induzierte, faktische Pflicht zur Vollharmonisierung durch die Hintertür".[73] Der nationale Gesetzgeber müsste aufgrund eigener Bindung an den Gleichheitssatz das erledigen, was der europäische Gesetzgeber aufgrund des Prinzips der begrenzten Einzelermächtigung nicht erledigen konnte und was deshalb an sich gerade auch der ursprünglichen Gestaltungsfreiheit des nationalen Gesetzgebers überlassen bleiben sollte.

cc) In der Literatur sucht man vor diesem Hintergrund nach einem mittleren Weg. Die Bindung an den Gleichheitssatz wird nicht durch eine pauschale Rechtfertigung praktisch gänzlich verneint. Reduziert wird aber der Abwägungsmaßstab. Man spricht dem nationalen Gesetzgeber nur das ab, was ihm im grundrechtssensiblen Bereich einer rechtsstaatlichen Ordnung unabhängig von ihrer nationalen oder supranationalen Provenienz nie zustehen darf: das Recht auf Willkür. In Anlehnung an die hergebrachte „Willkürformel" des *BVerfG* soll bei einer unionsrechtlich induzierten Ungleichbehandlung ein Verstoß gegen Art. 3 Abs. 1 GG anzunehmen sein, wenn für die Ungleichbehandlung keinerlei sachliche Differenzierungsgründe erkennbar sind, die Differenzierung materiell unverständlich ist und nur über sachfremde Erwägungen begründbar erscheint.[74]

c) Die Legislative als alleinige Adressatin eines etwaigen Fortbildungsbedarfs

aa) Legt man diesen Maßstab an, gerät die begrenzte Kriterienzahl im AGG angesichts der deliktischen Auffanghaftung kaum schon unter Generalverdacht. Denn für die Auswahl lassen sich nicht nur angesichts besonders schwerwiegender historischer Diskriminierungserfahrungen durchaus plausible Gründe finden.[75] Enumerativ ausgestaltete Haftungstatbestände sind namentlich im deutschen Haftungsrecht keine Besonderheit. Sie zeichnen sich gegenüber Generalklauseln durch ein deutlich höheres Maß an Rechtsklarheit aus und haben so stets auch eine (mittelbar) freiheitssichernde Funktion. Das sind im Ausgangspunkt zweifellos legitime Sachgründe für Unterscheidungen. Ausgeschlossen erscheint es jedoch nicht, dass man nach den

---

73 *Brockhaus/Gerdemann/Thönnes*, NVwZ 2021, 204 (209).

74 So *Brockhaus/Gerdemann/Thönnes*, NVwZ 2021, 204 (209).

75 Siehe hierfür nur *Bader*, Diskriminierungsschutz (Fn. 6), S. 161 f.; *Hartmann*, EuZA 2019, 24 (26).

hier nicht mehr zu leistenden notwendigen Einzeluntersuchungen besonders prekärer Kriterien nicht doch vereinzelt zum Befund der Willkürlichkeit gelangt. Unter Verdacht stehen dabei v.a. die Kriterien, die sich im Grundgesetz selbst, namentlich in Art. 3 Abs. 3 GG, finden, nicht aber eben im AGG: Abstammung, Sprache, Heimat und – im umfassenden Sinn – auch Herkunft.[76]

bb) Welche weiteren juristischen Konsequenzen ein etwaiger positiver Befund nach sich ziehen müsste, ist damit allerdings kaum schon ausgemacht und führt zu weiteren Problemschichten. Ein Ausbau des Kriterienkatalogs des AGG im Wege der Analogie dürfte nach herkömmlicher Methodenlehre klar ausscheiden. Denn von einer unbewussten Regelungslücke kann in diesem Punkt kaum die Rede sein. Der deutsche Gesetzgeber hatte bei der Umsetzung der Antidiskriminierungsrichtlinien seine Erweiterungsspielräume klar vor Augen, und er hat sie mit Blick auf den allgemeinen Zivilrechtsverkehr bekanntlich auch durch überschießende Umsetzungen genützt.[77] Der begrenzte Kriterienkatalog des AGG beruht deshalb kaum auf einem Lapsus oder auch nur auf Unbedachtheit.

cc) Denkt man über „unterschwellige“ Rechtsfortbildungen ohne Überwindung von Wortlautgrenzen nach, wird man diese Grundeinsicht im Hinterkopf behalten müssen, um nicht ggf. Gefahr zu laufen, spezielle Wertungen des AGG bei der Haftung für diskriminierungsbedingte Persönlichkeitsrechtsverletzungen *en passant* auszuhebeln. Mit Blick auf solche „unterschwelligen“ Rechtsfortbildungen läge es zunächst nahe, Benachteiligungen wegen Merkmalen, deren Nichterfassung durch das AGG als willkürlich erscheinen muss, als – gemäß § 280 Abs. 1 BGB haftungsbewehrte – Pflichtverletzung i.S.v. § 241 Abs. 2 BGB anzusehen.[78] Auf diese Weise ließen sich mit Blick auf materielle Schäden beinahe dieselben Effekte wie bei einer analogen Anwendung des AGG erzielen, wenn man dort insoweit mit der herrschenden

76 Vgl. hierzu nur etwa auch *Lehner*, Zivilrechtlicher Diskriminierungsschutz (Fn. 6), S. 246 f.

77 So gelten die in der RL 2000/78/EG vorgegebenen Verbote einer Diskriminierung wegen der Religion, der Weltanschauung, der Behinderung, des Alters oder der sexuellen Ausrichtung nicht für den allgemeinen Zivilrechtsverkehr (s. Art. 3 RL 2000/78/EG). Gleichwohl hat der deutsche Gesetzgeber die entsprechenden Verbote mit Ausnahme der Weltanschauung grundsätzlich auch auf diesen Bereich erstreckt, s. § 19 Abs. 1 AGG. Der Kommissionsvorschlag für eine über den Bereich der Beschäftigung hinausgehende EU-Richtlinie zur Anwendung des Grundsatzes der Gleichbehandlung ungeachtet der Religion oder der Weltanschauung, einer Behinderung, des Alters oder der sexuellen Ausrichtung vom 2.7.2008, KOM(2008) 426 endg., wurde bis heute nicht verabschiedet.

78 Vgl. hierzu nur etwa die Überlegungen von *Kähler*, NJW 2020, 113 (114) sowie auch MüKoBGB/*Bachmann*, Band 2, 9. Aufl. 2022, § 241 BGB Rn. 151.

Meinung richtigerweise von einer Haftung für vermutetes Verschulden ausgeht.[79] Denn die Pflichten i.S.v. § 241 Abs. 2 BGB sind auch im vorvertraglichen Bereich, wie er in unseren Zusammenhängen vielfach betroffen ist, relevant (s. § 311 Abs. 2 BGB). Die verbleibenden Unterschiede lägen damit v.a. noch im Fehlen der Beweiserleichterungen gem. § 22 AGG einerseits und im Fehlen einer Ausschlussfrist entsprechend §§ 15 Abs. 4, 21 Abs. 5 AGG andererseits. Der praktisch sehr viel bedeutsamere Anspruch auf Ersatz des immateriellen Schadens in Parallele zu § 15 Abs. 2 und § 21 Abs. 2 S. 2 AGG ließe sich nach dem derzeitigen Stand der schadensersatzrechtlichen Dogmatik bei Persönlichkeitsrechtsverletzungen auf diese Weise allerdings nicht realisieren. Denn das Persönlichkeitsrecht wurde bei der Neufassung von § 253 Abs. 2 BGB im Zuge der Schadensrechtsreform bekanntlich bewusst ausgespart, weil man dadurch die bisherige, auf grundrechtliche Schutzpflichten in Verbindung mit dem Deliktsrecht zurückgreifende Rechtsprechung nicht gefährdet und sich i.Ü. zu einer „umfassenden Regelung des zivilrechtlichen Schutzes des allgemeinen Persönlichkeitsrechts" nicht in der Lage sah.[80] Die Begründung eines Anspruchs auf Ersatz des immateriellen Schadens wegen

---

79 Obwohl die ganz hM davon ausgeht, dass ein generelles Verschuldenserfordernis bei § 15 AGG europarechtswidrig sei (s. Fn. 46), sieht sich die Mehrheit (für die aA s. Fn. 49) nicht in der Lage, mittels richtlinienkonformer Auslegung den klaren Wortlaut von § 15 Abs. 1 S. 2 AGG zu überwinden, und nimmt daher „zähneknirschend" das Verschuldenserfordernis für den Ersatz des materiellen Schadens hin, s. nur Staudinger/*Serr*, Neubearbeitung 2020, § 15 AGG Rn. 12; jedenfalls gegenüber einem privaten Arbeitgeber Erman/*Riesenhuber*, BGB, 16. Aufl. 2020, § 15 AGG Rn. 2; BeckOK ArbR/*Roloff*, 64. Ed. 1.6.2022, § 15 AGG Rn. 3; *Stoffels*, RdA 2009, 204 (211 f.); MüKoBGB/*Thüsing*, Band 1, 9. Aufl. 2021, § 15 AGG Rn. 24; dagegen offen für die Europarechtskonformität eines Verschuldenserfordernisses (nur) beim materiellen Schadensersatzanspruch aus § 15 Abs. 1 AGG: BVerwG 25.07.2013 – 2 C 12/11, BVerwGE 147, 244 (Rn. 57 f.); wohl auch BeckOK BGB/*Horcher*, 62. Ed. 1.5.2022, § 15 AGG Rn. 2. Für § 21 Abs. 2 AGG ist schon die generelle Europarechtswidrigkeit des Verschuldenserfordernisses in § 21 Abs. 2 S. 2 AGG noch umstrittener (s. für Differenzierungen gegenüber § 15 AGG nur Erman/*Armbrüster*, BGB, 16. Aufl. 2020, § 21 AGG Rn. 1), gleichwohl wendet auch hier die ganz hM – wenngleich von unterschiedlichen Ausgangspunkten aus – das Verschuldenserfordernis an, soweit es um den Ersatz des materiellen Schadens geht, s. nur Erman/*Armbrüster*, aaO Rn. 1, 8; Staudinger/*Serr*, Neubearbeitung 2020, § 21 AGG Rn. 35, 39 ff.; BeckOK BGB/*Wendtland*, 62. Ed. 1.5.2022, § 21 AGG Rn. 23; etwas unklar, aber wohl aA MüKoBGB/*Thüsing*, Band 1, 9. Aufl. 2021, § 21 AGG Rn. 39 ff., insbesondere 44; jedenfalls aA für die richtliniendeterminierten Merkmale Geschlecht, Rasse und ethnische Herkunft BeckOGK/*Mörsdorf*, 15.1.2022, § 21 AGG Rn. 48 ff., insbesondere 51.

80 Siehe Begr. RegE, BT-Drs. 14/7752, S. 25.

einer Verletzung des Persönlichkeitsrechts analog §§ 280 Abs. 1, 241 Abs. 2, 253 Abs. 2 BGB scheidet damit nach heute ganz herrschender Meinung aus.[81]

Um für Diskriminierungsmerkmale, die das AGG trotz Gleichgewichtigkeit nicht erfasst hat, im Wege „unterschwelliger" Rechtsfortbildung eine auch den Folgen nach gleichwertige Haftungsregelung zu entwickeln, bliebe somit nur die Möglichkeit, die Anforderungen an eine deliktische Haftung wegen Persönlichkeitsrechtsverletzungen für die hier verfolgten Fälle zu lockern. Man könnte namentlich erwägen, wegen der Gleichgewichtigkeit mit einem vom AGG erfassten Merkmal auf die besondere Schwere der Persönlichkeitsrechtsverletzung[82] für den Ersatz des immateriellen Schadens zu verzichten. Allerdings wird an dieser Stelle noch einmal deutlich, dass solche Überlegungen tatsächlich nur dort in Betracht kommen könnten, wo sich die Nichterfassung des Merkmals durch das AGG trotz allgemeiner (deliktischer) Auffanghaftung als gleichsam evidenter Willkürakt erweisen müsste.[83] Denn dem Gesetzgeber gebührt bei der Bewertung des Gewichts von persönlichkeitsrechtsrelevanten Diskriminierungsmerkmalen zweifellos ein erheblicher Beurteilungsspielraum.[84] Auch darüber hinaus wären die im Deliktsrecht ruhenden Möglichkeiten allerdings begrenzt. Denn keinesfalls ließen sich so das Verschuldenserfordernis sowie auch die insoweit bestehende Beweislastverteilung gem. § 823 Abs. 1 BGB überwinden. Eine den §§ 15 Abs. 1 und 2, 21 Abs. 2 AGG sowohl nach den Haftungsvoraussetzungen als auch nach den Haftungsfolgen weitgehend gleichkommende Einstandspflicht für Persönlichkeitsrechtsverletzungen aufgrund von Diskriminierungen wegen eines vom AGG nicht erfassten Merkmals lässt sich damit aber im Wege „unterschwelliger" Rechtsfortbildung insgesamt nicht realisieren. Den Gerichten sind insoweit die Hände gebunden. Gefordert wäre allein der Gesetzgeber.

---

81 Siehe hierfür nur BeckOGK/*Brand*, 1.3.2022, § 253 BGB Rn. 39; MüKoBGB/*Oetker*, Band 2, 9. Aufl. 2022, § 253 BGB Rn. 27; BeckOK BGB/*Spindler*, 62. Ed. 1.5.2022, § 253 BGB Rn. 26.

82 Siehe zu diesem Erfordernis nur die Nachw. o. Fn. 66.

83 Siehe hierzu bereits o. IV. 3. c) aa).

84 Siehe nur auch *Bader*, Diskriminierungsschutz (Fn. 6), S. 160; *Neuner*, in: Diskriminierungsschutz durch Privatrecht (Fn. 8), S. 73 (83 f.).

Möglichkeiten und Grenzen eines postkategorialen Antidiskriminierungsrechts

Hülya Erbil

A. Einführung: das sog. Kategorienproblem des Antidiskriminierungsrechts

In den letzten zwei Jahrzehnten hat das unionsrechtliche Antidiskriminierungsrecht eine beachtliche Entwicklung genommen. Besonders in Deutschland hat die Umsetzung der vier europäischen Antidiskriminierungsrichtlinien[1] in das Allgemeine Gleichbehandlungsgesetz (AGG) mit seinem Inkrafttreten am 18. August 2006 für großes Aufsehen gesorgt.

Die unionsrechtlichen Diskriminierungsverbote sind wie kaum eine andere Materie rechtspolitisch aufgeladen, werfen sie doch zentrale Fragen zum Verhältnis von Freiheit und Gleichheit auf. *Adomeit* bezeichnet den Vorschlag von Diskriminierungsverboten im Privatrecht als eine „sozialistische Regulierung"[2], *Schmelz* als „ideologisches Zwangskorsett"[3]. *Säcker* äußert die Befürchtung, dass eine „Tugendrepublik der neuen Jakobiner"[4] errichtet wird. *Repgen* prognostiziert, dass „die Totenglocke des Privatrechts läutet"[5]. *Eduard Picker* spricht von einem „wirklichkeitsblinden, weil menschenwidrigen Radikalmoralismus"[6].

1 Richtlinie 2000/43/EG des Rates vom 29. Juni 2000 (ABl. EG Nr. L 180 S. 22); Richtlinie 2000/78/EG des Rates vom 27. November 2000 (ABl. EG Nr. L 303 S. 16); Richtlinie 2002/73/EG des Europäischen Parlaments und des Rates vom 23. September 2002 (ABl. EG Nr. L 269 S. 15); Richtlinie 2004/113/EG des Rates vom 13. Dezember 2004 (ABl. EG Nr. L 373 S. 37).

2 *Adomeit*, NJW 2002, 1622 (1623) bezieht sich auf den Diskussionsentwurf des Bundesministeriums der Justiz für ein Gesetz zur Verhinderung von Diskriminierungen im Zivilrecht vom 10.12.2001.

3 *Schmelz*, ZRP 2003, 67 (67) bezieht sich auf den vorläufigen Diskussionsentwurf eines Gesetzes zur Verhinderung von Diskriminierungen im Zivilrecht vom 29.11.2001.

4 *Säcker*, ZRP 2002, 286 (287) bezieht sich ebenfalls auf den Diskussionsentwurf eines Gesetzes zur Verhinderung von Diskriminierungen im Zivilrecht vom 29.11.2001.

5 *Repgen*, in: Isensee (Hrsg.), Vertragsfreiheit und Diskriminierung, 2007, S. 11 (14) bezieht sich konkret auf das AGG.

6 *E. Picker*, in: Lorenz (Hrsg.), Karlsruher Forum 2004: Haftung wegen Diskriminierung nach derzeitigem und zukünftigem Recht, 2005, S. 7 (60) bezieht sich auf den Gesetzesentwurf zum einheitlichen Gesetz für alle Diskriminierungsmerkmale vom 15.12.2004.

Nach Inkrafttreten der Antidiskriminierungsrichtlinien und des AGG ließ die Kritik am „richtigen Maß" des Diskriminierungsschutzes in Privatrechtsverhältnissen nicht lange auf sich warten. Es sind immer wieder Forderungen geltend gemacht worden, den Merkmalskatalog in § 1 AGG um weitere Merkmale wie z. B. jüngst um die Elterneigenschaft[7] oder um das Körpergewicht[8] auszuweiten. Hieran zeigt sich das sog. Kategorienproblem[9] des geltenden Antidiskriminierungsrechts: Entsprechend den Richtlinienvorgaben schützt § 1 AGG (lediglich)[10] vor „Benachteiligungen aus Gründen der Rasse oder wegen der ethnischen Herkunft, des Geschlechts, der Religion oder Weltanschauung, einer Behinderung, des Alters oder der sexuellen Identität". Mit seinem abschließenden Merkmalskatalog sind nur die dort explizit genannten verpönten Diskriminierungsmerkmale geschützt. Für alles, was nicht unter eines der enumerativ genannten Merkmale zu fassen ist, gewährleistet das AGG keinen Diskriminierungsschutz.

Dabei erscheint die Begrenzung des Diskriminierungsschutzes auf die genannten Merkmale nicht zwingend, weil auch wegen anderer Merkmale Ungleichbehandlungen zu verzeichnen sind. Der Vorwurf lautet daher, dass die Auswahl der geschützten Merkmale willkürlich sei.[11] Ferner führe die Beschränkung der Merkmale in § 1 AGG dazu, dass Träger[12] anderer, nicht vom Diskriminierungsverbot erfasster Merkmale ihrerseits benachteiligt werden.[13]

So musste das ArbG Stuttgart in dem sog. „Ossi-Fall" die Frage beantworten, ob Bürger der ehemaligen DDR eine eigene Ethnie darstellen.[14] Eine in der DDR aufgewachsene Stellenbewerberin hatte ihre Bewerbungsunterlagen zurückerhalten, die den handschriftlichen Vermerk „(-)Ossi" enthielten. Daher musste sie davon ausgehen, wegen ihrer ostdeutschen Herkunft

---

7 Initiative #proparents, aufrufbar unter https://proparentsinitiative.de (letzter Abruf 27.1.2023).

8 Abgeschlossene Petition vom 6. Juni 2020, abrufbar unter: https://epetitionen.bundestag.de/petitionen/_2020/_06/_06/Petition_111913.nc.html (letzter Abruf 27.1.2023).

9 Bezeichnung von *Liebscher/Naguib/Plümecke/Remus*, KJ 2012, 204 (204).

10 BT-Drs. 16/1780, S. 30: „Einen Schutz gegen Benachteiligung wegen anderer Gründe regelt dieses Gesetz nicht".

11 *Mörsdorf*, Ungleichbehandlung als Norm, 2018, S. 195; *Adomeit/Mohr*, AGG, 2. Aufl. 2011, § 1 AGG Rn. 38; *Schwab*, DNotZ 2006, 649 (672).

12 Gemeint sind Personen jeder Geschlechtsidentität. Lediglich der leichteren Lesbarkeit halber wird künftig bei allen Bezeichnungen nur noch die grammatikalisch männliche Form verwendet.

13 *Baer*, ZRP 2002, 290 (294).

14 ArbG Stuttgart 15.4.2010 – 17 Ca 8907/09, NZA-RR 2010, 344.

abgelehnt worden zu sein. Das Gericht befand, es gäbe keine abgrenzbare „Ossi-Ethnie", da BRD- und DDR-Bürger eine „gemeinsame Kultur"[15] teilten. Mit der Ablehnung der AGG-rechtlichen Diskriminierung stellt sich in diesem Fall die Frage, ob das Kriterium der ethnischen Herkunft hinreichende Unterscheidungskraft für die Diskriminierungserfahrungen hat. Es ist schwer zu erklären, warum es bei Benachteiligungen z. B. aufgrund der geographischen Herkunft keinen AGG-rechtlichen Diskriminierungsschutz geben soll. Benötigen wir deshalb einen sog. postkategorialen Diskriminierungsschutz?[16]

Nach einem postkategorialen Diskriminierungsschutz soll – so eine im Schrifttum geäußerte Vorstellung – an die Stelle der Merkmalsorientierung und -zentrierung des § 1 AGG ein umfassender Diskriminierungsschutz treten, der sich an der Merkmalsoffenheit orientiert, wie er z. B. mit 17 nicht abschließend aufgezählten Merkmalen in Art. 21 Abs. 1 GRCh vorgesehen ist.[17] Es wird mithin ein Diskriminierungsrecht gefordert, das „post", also „nach" der abschließenden Merkmalsorientierung des geltenden Antidiskriminierungsrechts kommt.

In diesem Beitrag[18] werden die Möglichkeiten eines solchen postkategorialen Antidiskriminierungsrechts sowie die (kompetenzrechtlichen) Grenzen in der Umsetzung untersucht.

B. *Bestandsaufnahme: Status quo im geltenden Antidiskriminierungsrecht*

Auf den ersten Blick scheinen Art. 21 Abs. 1 GRCh, Art. 3 Abs. 1 GG und Art. 3 Abs. 3 S. 1 GG den gordischen Knoten des Kategorienproblems des Antidiskriminierungsrechts lösen zu können.

---

15 ArbG Stuttgart 15.4.2010 – 17 Ca 8907/09, NZA-RR 2010, 344 (345).

16 Vgl. hierzu *Baer*, in: Heinrich-Böll-Stiftung (Hrsg.), Positive Maßnahmen, 2010, S. 23, (33 ff.); *Lemke/Liebscher*, in: Philipp/Meier/Apostolovski/Starl/Schmidlechner (Hrsg.), Intersektionelle Benachteiligung und Diskriminierung, 2014, S. 261 (282 ff.); *Liebscher/Naguib/Plümecke/Remus*, KJ 2012, 204 (212), s. auch schon *Baer*, ZRP 2002, 290 (294).

17 *Ch. Picker*, in: Düwell/Gallner/Haase/Wolmerath (Hrsg.), Auf dem Weg zu einem sozialen und inklusiven Rechtsstaat – Covid-19 als Herausforderung, Festschrift für Franz Josef Düwell, 2021, S. 409 (429); *Hartmann*, EuZA 2019, 24 (25).

18 Verkürzt dargestellte Ideen aus meinem Dissertationsvorhaben an der Universität Konstanz.

Art. 21 Abs. 1 GRCh enthält zwar einen Katalog mit 17 Kriterien, dieser ist aber gerade nicht abschließend (Wortlaut „insbesondere").[19] Im deutschen Verfassungsrecht findet sich in Art. 3 Abs. 3 S. 1 GG zwar ein abschließender Kriterienkatalog, der sich nur auf das Geschlecht, die Abstammung, die Rasse, die Sprache, die Heimat und Herkunft, den Glauben, die religiöse oder politische Anschauung bezieht. Art. 3 Abs. 1 GG enthält aber einen allgemeinen, also nicht auf bestimmte Kriterien bezogenen Gleichheitssatz.

Der Diskriminierungsschutz dieser Vorschriften ist gegenständlich weiter als derjenige des AGG. Die Diskriminierungsverbote des Art. 21 Abs. 1 GRCh, des Art. 3 Abs. 3 S. 1 GG sowie der allgemeine Gleichbehandlungsgrundsatz in Art. 3 Abs. 1 GG entfalten jedoch keine Privatrechtswirkung.

I. Keine Privatrechtswirkung des Art. 21 Abs. 1 GRCh

Eine Privatrechtswirkung des Art. 21 Abs. 1 GRCh widerspräche dem Wortlaut des Art. 51 Abs. 1 S. 1 GRCh, wonach die Charta (lediglich) für die Union und die Mitgliedsstaaten, aber eben nicht ausdrücklich zwischen Privaten gilt.[20]

In der Rechtssache *Egenberger* hat der EuGH zwar festgestellt, dass das „Verbot jeder Art von Diskriminierung wegen der Religion oder der Weltanschauung [...] als ein allgemeiner Grundsatz des Unionsrechts zwingenden Charakter"[21] hat. Hieraus wird abgeleitet, dass Art. 21 Abs. 1 GRCh auch Diskriminierungen wegen der Religion in Verträgen zwischen Privaten verbiete.[22] Diese Rechtsprechung darf allerdings nicht so weit verstanden werden, dass alle Diskriminierungsverbote des Art. 21 GRCh nunmehr zwischen Privaten gelten, ohne dass sie sekundärrechtlich mediatisiert sind.[23] Der EuGH hat vielmehr diese Aussage explizit nur auf das auch sekundärrechtlich geregelte Diskriminierungsmerkmal Religion bezogen.

Eine umfassende Horizontalwirkung des Art. 21 Abs. 1 GRCh verstößt zudem gegen Art. 288 AEUV, wonach Richtlinien ins nationale Recht umgesetzt

19 *Lobinger*, Entwicklung, Stand und Perspektiven des europäischen Antidiskriminierungsrechts, S. 14.

20 *Rudkowski*, in: Gebauer/Wiedmann (Hrsg.), Europäisches Zivilrecht, 3. Aufl. 2021, Art. 21 GRCh Rn. 19 ff.

21 EuGH 17.4.2018 – C-414/16 (Egenberger), ECLI:EU:C:2018:257 (Rn. 76).

22 Auch so im Hinblick auf Art. 31 Abs. 2 GRCh entschieden von EuGH 6.11.2018 – C-569/16 und C-570/16 (Bauer u. Willmeroth), ECLI:EU:C:2018:871 (Rn. 89).

23 *Ch. Picker*, in: FS Düwell (Fn. 17), S. 409 (417).

werden müssen, um für Private Geltung zu erlangen. Nimmt man eine generelle Privatrechtswirkung des Art. 21 Abs. 1 GRCh an, so wird das nationale Gesetzgebungsverfahren umgangen, was aus rechtsstaatlicher Sicht besonders bedenklich ist.[24]

Des Weiteren widerspricht eine Privatrechtswirkung des Art. 21 Abs. 1 GRCh, dem Art. 19 Abs. 1 AEUV und den Antidiskriminierungsrichtlinien. Diese Vorschriften sehen gerade keinen generellen, sondern einen auf enumerativ aufgelistete Merkmalskategorien gerichteten Diskriminierungsschutz im Privatrecht vor.

Über den „Umweg" einer chartakonformen Auslegung des unionsrechtlichen Sekundärrechts können die Grundrechte der Charta zwar „einzelfallbezogen in das Privatrecht hineinwirken".[25] Hierfür muss das fragliche Merkmal aber einfachgesetzlich als Diskriminierungsverbot positiviert sein – wie dies in der Rechtssache *Egenberger* in Bezug auf das Merkmal der Religion der Fall war.[26]

Die Funktion von Art. 21 Abs. 1 GRCh beschränkt sich in diesem Kontext darauf, Diskriminierungsverbote des unionsrechtlichen Sekundärrechts primärrechtlich zu „verstärken", nicht aber den Diskriminierungsschutz zwischen Privaten gegenständlich auszuweiten.[27]

II. Keine Privatrechtswirkung des Art. 3 Abs. 1, Abs. 3 S. 1 GG

1. Art. 3 Abs. 1 GG

Eine unmittelbare Drittwirkung des Art. 3 Abs. 1 GG lehnt das BVerfG grundsätzlich ab.[28] Art. 3 Abs. 1 GG enthält kein objektives Verfassungsprinzip, wonach Rechtsbeziehungen zwischen Privaten gleichheitsrechtlich zu gestalten wären.[29]

Auch eine mittelbare Drittwirkung des Art. 3 Abs. 1 GG besteht nach Ansicht des BVerfG nicht, da es grundsätzlich zur „Freiheit jeder Person (gehört), nach eigenen Präferenzen darüber zu bestimmen, mit wem sie wann

---

24 *Rudkowski*, in: Gebauer/Wiedmann (Hrsg.), Europäisches Zivilrecht, 3. Aufl. 2021, Art. 21 GRCh Rn. 23.

25 BVerfG 6.11.2019 – 1 BvR 276/17, NJW 2020, 314 (322).

26 *Ch. Picker*, in: FS Düwell (Fn. 17), S. 409 (418).

27 *Ch. Picker*, in: FS Düwell (Fn. 17), S. 409 (418).

28 BVerfG 27.8.2019 – 1 BvR 879/12, NJW 2019, 3769 (3770).

29 BVerfG 11.4.2018 – 1 BvR 3080/09, NJW 2018, 1667 (1669).

unter welchen Bedingungen welche Verträge abschließen [...] will."[30] Eine Ausnahme hiervon erkennt das BVerfG nur in sog. spezifischen Konstellationen an.[31] Eine solche liegt insbesondere vor, wenn der Ausschließende eine Monopolstellung innehat oder strukturell überlegen ist und Personen ohne sachlichen Grund zurückweist.[32] Die Beispiele aus der Rechtsprechung[33] zeigen, dass eine spezifische Konstellation lediglich in begrenzten Ausnahmefällen angenommen werden kann. Es bleibt damit beim Grundsatz: keine Privatrechtswirkung des Art. 3 Abs. 1 GG.

2. Art. 3 Abs. 3 S. 1 GG

Das BVerfG lehnt für Art. 3 Abs. 3 S. 1 GG ebenfalls eine unmittelbare Drittwirkung ab.[34] Auch wenn es die Frage der mittelbaren Drittwirkung des Art. 3 Abs. 3 S. 1 GG unbeantwortet ließ, hat das BVerfG hervorgehoben, dass eine Privatrechtswirkung jedenfalls kein „absolutes Unterscheidungsverbot" zwischen Privaten begründen kann, weil stets entgegenstehende Freiheitsrechte miteinander in Ausgleich zu bringen sind.[35]

Unabhängig von diesem Befund überzeugt es, eine mittelbare Drittwirkung des Art. 3 Abs. 3 S. 1 GG abzulehnen. Der Gesetzgeber hat bewusst einen enumerativen Merkmalskatalog einfachgesetzlich im AGG normiert, der Privatautonomie und Diskriminierungsschutz in angemessenen Ausgleich bringen soll. Ein Rückgriff auf die Merkmale des Art. 3 Abs. 3 S. 1 GG würde diese gesetzgeberische Entscheidung unterlaufen.[36]

Der Gesetzgeber ist zudem verfassungsrechtlich nicht dazu verpflichtet, einen generellen Diskriminierungsschutz einfachgesetzlich zu schaffen, da

---

30 BVerfG 11.4.2018 – 1 BvR 3080/09, NJW 2018, 1667 (1669).

31 BVerfG 11.4.2018 – 1 BvR 3080/09, NJW 2018, 1667 (1669); BVerfG 22.5.2019 – 1 BvQ 42/19, NJW 2019, 1935 (1936).

32 BVerfG 27.8.2019 – 1 BvR 879/12, NJW 2019, 3769 (3770).

33 BVerfG 22.5.2019 – 1 BvQ 42/19, NJW 2019, 1935 (1936); BVerfG 11.4.2018 – 1 BvR 3080/09, NJW 2018, 1667 (1669); BVerfG 27.8.2019 – 1 BvR 879/12, NJW 2019, 3769 (3770).

34 BVerfG 27.8.2019 – 1 BvR 879/12, NJW 2019, 3769 (3770).

35 BVerfG 27.8.2019 – 1 BvR 879/12, NJW 2019, 3769 (3770).

36 *Ch. Picker*, in: FS Düwell (Fn. 17), S. 409 (422).

Art. 3 Abs. 3 S. 1 GG keine solche verfassungsrechtliche Schutzpflicht enthält.[37] Er verstößt damit nicht gegen das Untermaßverbot.[38]

III. Zwischenfazit

Die Analyse des Status quo zeigt, dass ein postkategoriales Antidiskriminierungsrecht auf Grundlage des geltenden Rechts (bislang) nicht etabliert ist. Einen postkategorialen Antidiskriminierungsschutz kann damit lediglich der Gesetzgeber schaffen.

C. Möglichkeiten eines postkategorialen Diskriminierungsschutzes de lege ferenda

Da die in diesem Abschnitt vorzustellenden Modelle eines postkategorialen Antidiskriminierungsrechts den Diskriminierungsschutz „in der Tiefe"[39] reduzieren wollen, um den Diskriminierungsschutz „in der Breite"[40] auszudehnen, ist eine Änderung der Antidiskriminierungsrichtlinien sowie deren Umsetzung ins AGG erforderlich. Die konkrete gesetzgeberische Ausgestaltung der zu ändernden Antidiskriminierungsrichtlinien bzw. des AGG („Wie") richtet sich danach, welche Funktion man privatrechtlichen Diskriminierungsverboten zumisst: form follows function.

I. Funktion von privatrechtlichen Diskriminierungsverboten

Zu der Funktion privatrechtlicher Diskriminierungsverbote werden konzeptionell zwei wesentliche und tendenziell gegensätzliche Ansätze vertreten: Zum einen werden privatrechtliche Diskriminierungsverbote als besondere Erscheinungsform des Persönlichkeitsrechts, zum anderen als verteilungspolitisches Instrument zur Herstellung von Gleichheit mit den Mitteln des Zivilrechts gedeutet.

---

37 BeckOK GG/*Kischel*, 51 Ed. (15.5.2022), Art. 3 GG Rn. 210.

38 Vgl. hierzu *Ch. Picker*, in: FS Düwell (Fn. 17), S. 409 (422); *Mörsdorf*, Ungleichbehandlung (Fn. 11), S. 178; *Lehner*, Zivilrechtlicher Diskriminierungsschutz und Grundrechte, 2013, S. 295 f.

39 *Lobinger*, Entwicklung (Fn. 19), S. 49.

40 *Lobinger*, Entwicklung (Fn. 19), S. 49.

1. Persönlichkeitsrechtlicher Ansatz

Nach dem persönlichkeitsrechtlichen Ansatz lassen sich Diskriminierungsverbote zwischen Privaten systemkonform – im Einklang mit dem klassisch-deutschen Zivilrechtsverständnis – mit dem Schutz des allgemeinen Persönlichkeitsrechts rechtfertigen.[41] Diese Konzeption geht vom Schutz der Menschenwürde in der Ausprägung sozialer Achtungsansprüche aus.[42] Eine Diskriminierung stellt dabei eine Herabsetzung des Zurückgewiesenen und zugleich einen Angriff auf dessen soziale Anerkennung dar.[43] Vor dieser Kränkung sollen privatrechtliche Diskriminierungsverbote nach diesem Ansatz in erster Linie schützen.

Vertreter dieser Auffassung verlangen als ungeschriebenes Tatbestandsmerkmal einer Diskriminierung die Verletzung des Persönlichkeitsrechts.[44] Ausgehend vom Freiheitsgedanken des Zivilrechts ist eine Benachteiligung danach (nur) unzulässig, wenn sie die zurückgewiesene Person objektiv herabsetzt und dieser Person wegen eines verpönten Merkmals die Achtung als gleichwertiger Mensch versagt.[45]

Hierfür spricht, dass der Diskriminierungsschutz auch schon vor dem Inkrafttreten des AGG unter Rückgriff auf das allgemeine Persönlichkeitsrecht über das Deliktsrecht (§§ 823 Abs. 1, 826 BGB) gewährleistet wurde.[46]

2. Gleichheitsrechtlicher Ansatz

Von anderer Seite wird privatrechtlichen Diskriminierungsverboten die Funktion beigemessen, zur Gleichbehandlung von Personen im Zivilrechts-

---

41 *Lobinger*, in: Isensee (Hrsg.), Vertragsfreiheit und Diskriminierung, 2007, S. 99 (141); *ders.*, *Lobinger*, Entwicklung (Fn. 19), S. 37 ff.; *Hartmann*, in: Eckpfeiler des Zivilrechts, 2020, S. 101 (105); *Bader*, Arbeitsrechtlicher Diskriminierungsschutz als Privatrecht, 2012, S. 125 ff.; *Lehner*, Diskriminierungsschutz (Fn. 38), S. 220; *Adomeit/Mohr*, RdA 2011, 102 (104).

42 *Nickel*, Gleichheit und Differenz, 1999, S. 152 f.; vgl. auch BT-Drs. 16/1780, S. 20.

43 *Lobinger*, Entwicklung (Fn. 19), S. 44.

44 *Lobinger*, Entwicklung (Fn. 19), S. 44; *ders.*, AcP 216 (2016), 28 (91); *Hartmann*, in: Eckpfeiler des Zivilrechts, 2020, S. 101 (105).

45 *Hartmann*, in: Eckpfeiler des Zivilrechts, 2020, S. 101 (105).

46 Vgl. hierzu *Bader*, Diskriminierungssschutz (Fn. 41), S. 88 ff.; *von Koppenfels*, WM 2002, 1489 (1493).

verkehr beizutragen.[47] Dabei soll ein höheres Maß an sozialer Teilhabe für bestimmte Gruppen geschaffen werden, die es schwerer haben, aus eigener Kraft gesellschaftlich zu partizipieren.[48]

Dahinter steht ein Verständnis des Antidiskriminierungsrechts als Teil einer öffentlich-rechtlichen Umverteilungspolitik, die darauf gerichtet ist, die Handlungsmöglichkeiten von Arbeitgebern, Vermietern und weiteren Haftungsadressaten des AGG einzuschränken, um dadurch die Handlungsmöglichkeiten der benachteiligten Personengruppen auszuweiten.[49] Das Zivilrecht soll als Mittel zur Durchsetzung gesamtgesellschaftlicher Anliegen nutzbar gemacht werden (sog. private enforcement).[50] Mit dem Fokus auf den Schutz einzelner Gruppen haben die Kategorien der Antidiskriminierungsrichtlinien sowie des § 1 AGG die Funktion, zu bestimmen, wer letztlich Adressat der Umverteilungsmaßnahme ist.

Mit diesem Ansatz verwandt ist die Konzeption *Grünbergers*, wonach das geltende deutsche und unionsrechtliche Zivilrecht einen Gleichbehandlungsgrundsatz enthält.[51] Danach ist jede Ungleichbehandlung eines privaten Akteurs stets begründungs- und rechtfertigungsbedürftig. Die Anforderungen an die Rechtfertigung könnten teilweise schon mit dem bloßen Hinweis auf die Ausübung der Vertragsfreiheit (z.B. bei Entscheidungen in der „Privatsphäre") erfüllt sein.[52] In anderen Fällen, die sich z. B. in der „Marktsphäre" abspielen, sollen die Rechtfertigungsanforderungen höher sein und sogar so weit reichen können, dass eine Rechtfertigung nahezu ausscheidet.[53] Die geschützten Merkmalskategorien sollen damit festlegen, in welchen Fällen der Benachteiligende einer höheren Rechtfertigungslast unterfällt.[54]

47 *Arnold*, Vertrag und Verteilung, 2014, S. 279 ff.; *Neuner*, JZ 2003, 57 (61 f.); *Zoppel*, Europäische Diskriminierungsverbote und Privatrecht, 2015, S. 34; *Mörsdorf*, Ungleichbehandlung (Fn. 11), S. 175 f.

48 *Neuner*, JZ 2003, 57 (61); *Zoppel*, Diskriminierungsverbote (Fn. 47), S. 34.

49 *Lobinger*, AcP 216 (2016), 28 (84).

50 Vgl. *Lobinger*, Entwicklung (Fn. 19), S. 37.

51 *Grünberger*, Personale Gleichheit, 2013, S. 802.

52 *Grünberger*, Gleichheit (Fn. 51), S. 840 ff.

53 *Grünberger*, Gleichheit (Fn. 51), S. 849.

54 *Grünberger*, Gleichheit (Fn. 51), S. 849 ff.

II. Bedeutung der Funktionen für das Kategorienproblem des Antidiskriminierungsrechts

Die dargestellten Funktionen der Diskriminierungsverbote können für die Frage, wie ein postkategoriales Modell auszugestalten wäre, fruchtbar gemacht werden.

1. Vorschlag auf Basis einer persönlichkeitsrechtlichen Auffassung

Auf Basis einer persönlichkeitsrechtlichen Auffassung wird für eine sachgerechte Erweiterung des Diskriminierungsschutzes ein nicht abschließender, offener Merkmalskatalog mit dem Tatbestandsmerkmal einer Persönlichkeitsrechtsverletzung vorgeschlagen.[55]

a) Offener Merkmalskatalog

Geht man davon aus, dass die Antidiskriminierungsrichtlinien sowie das AGG dem Persönlichkeitsschutz dienen, wird eine erhebliche Schutzlücke evident: Wenn es wirklich um Persönlichkeitsschutz gehen soll, dann ist die Beschränkung auf wenige geschützte Merkmale nicht zu rechtfertigen, da die Persönlichkeit aus vielen weiteren Merkmalen besteht.[56] In der Literatur wird deshalb vorgeschlagen, die privatrechtlichen Diskriminierungsverbote in eine Art offenen Merkmalskatalog zu erweitern.[57]

In der Umsetzung kommen dabei konstruktiv zwei Varianten in Betracht: Einerseits könnte die Aufzählung der gesetzlichen Diskriminierungsgründe mit dem Wort „insbesondere" – nach dem Vorbild von Art. 21 Abs. 1 GRCh – eingeleitet werden. Andererseits könnte dem bestehenden Merkmalskatalog ein Merkmal als Auffangtatbestand hinzugefügt werden, indem in der Aufzählung der Diskriminierungsmerkmale die Formulierung „[...] oder wegen weiterer ähnlicher Merkmale" angehängt wird. Einen solchen Auffangtatbestand sehen etwa die Antidiskriminierungsgesetze in Finnland und Bulgarien

55 So *Lobinger*, Entwicklung (Fn. 19), S. 44; *Hartmann*, EuZA 2019, 24 (39).

56 *Bader*, Diskriminierungsschutz (Fn. 41), S. 155.

57 Vgl. hierzu *Lobinger*, Entwicklung (Fn. 19), S. 49; Antidiskriminierungsstelle des Bundes, Rechtsexpertise zum Bedarf einer Präzisierung und Erweiterung der im Allgemeinen Gleichbehandlungsgesetz genannten Merkmale, 2019, S. 105; in diese Richtung *E. Picker*, JZ 2003, 540 (544 f.).

vor.[58] In beiden Fällen wäre rechtssystematisch klargestellt, dass die Aufzählung nicht abschließend ist. Lediglich für sprachlich gelungener halte ich die Formulierung „insbesondere“.

b) Tatbestandsmerkmal: Persönlichkeitsrechtsverletzung

Wegen der generalklauselartigen Weite des Persönlichkeitsrechts kann nicht jeder Eingriff die Rechtswidrigkeit indizieren; vielmehr muss eine Persönlichkeitsrechtsverletzung positiv festgestellt werden.[59] Es ist eine Abwägung durchzuführen, in der die kollidierenden Grundrechte zur Herstellung praktischer Konkordanz gegenüberzustellen sind.[60]

aa) Prüfungsmaßstab

Da sich das AGG im unionsrechtlich determinierten Bereich befindet, bilden infolge des Anwendungsvorrangs des Unionsrechts die Grundrechte der Grundrechtecharta den Prüfungsmaßstab.[61]

bb) Interessenabwägung

Konkret stehen sich das Recht auf Achtung der Privatsphäre und des Familienlebens (Art. 7 GRCh), verstärkt durch die Menschenwürde (Art. 1 GRCh) und die Vertragsfreiheit im beruflichen und im unternehmerischen Bereich (Art. 15, 16 GRCh) gegenüber.

Durch das Recht auf Achtung der Privatsphäre und des Familienlebens soll ein Bereich gesichert werden, in dem der Einzelne die Entwicklung und Erfüllung seiner Persönlichkeit anstreben kann.[62] Das Persönlichkeitsrecht schützt auch vor herabsetzenden Äußerungen und Verhaltensweisen.

---

58 Antidiskriminierungsstelle des Bundes, Rechtsexpertise (Fn. 57), S. 105.

59 *Bader*, Diskriminierungsschutz (Fn. 41), S. 150.

60 *Bader*, Diskriminierungsschutz (Fn. 41), S. 147; *Lobinger*, Entwicklung (Fn. 19), S. 44.

61 *Lehner*, Diskriminierungsschutz (Fn. 38), S. 354 ff.; *Mörsdorf*, Ungleichbehandlung (Fn. 11), S. 175 f.

62 Calliess/Ruffert/*Kingreen*, EUV/AEUV, 6. Aufl. 2022, Art. 7 GRCh Rn. 3.

Die Vertragsfreiheit gewährleistet grundsätzlich das Recht, frei wählen zu können, mit wem und worüber man in Verhandlungen treten will.[63]

(1) Kriterien

Als Leitlinien für die Durchführung einer Abwägung dieser beiden Interessen werden folgende (nicht abschließende) Vorgaben vorgeschlagen.

(a) Bedeutung des Vertragszwecks

Werden die betroffenen Personen nicht nach ihrem Wert und ihrer Eignung für die Verwirklichung des infrage stehenden Vertragszwecks („Spielertauglichkeit"), sondern nach ihrem Wert als solche beurteilt, liegt darin eine Herabwürdigung.[64] Dies ist insbesondere der Fall, wenn betroffene Personen bereits als potentielle Vertragspartner von vornherein aussortiert werden, obwohl sie die Bedingungen als möglicher Vertragspartner ohne weiteres erfüllen.[65]

Versagt z. B. ein Verkäufer im Massenverkehr einem Angehörigen einer gesellschaftlichen Minderheit trotz vorhandener Leistungskapazität den Vertragsschluss, ohne dass hierfür die Zahlungsfähigkeit einen plausiblen Grund liefern würde, liegt ein herabwürdigendes Verhalten nahe.[66]

(b) Persönliche vs. öffentliche Sphäre

Zur Konkretisierung des Vertragszwecks kann zwischen persönlicher und öffentlicher Sphäre differenziert werden.[67] Die Freiheit des Auswählenden muss umso größer sein, je intensiver die sich anbahnende Beziehung dessen persönlichen Lebensbereich berührt und je bedeutsamer das persönliche Vertrauen für die Verwirklichung der verfolgten Zwecke ist.[68]

---

63 Calliess/Ruffert/*Ruffert*, EUV/AEUV, 6. Aufl. 2022, Art. 16 GRCh Rn. 2.
64 *Lobinger*, EuZA 2009, 365 (379).
65 *Lobinger*, EuZA 2009, 365 (379).
66 *Lobinger*, in: Vertragsfreiheit (Fn. 41), S. 99 (142).
67 *Neuner*, JZ 2003, 57 (63).
68 *Lobinger*, EuZA 2009, 365 (379); vgl. auch *E. Picker*, in: Karlsruher Forum (Fn. 6), S. 7 (66 f.; 76 f.).

Danach muss nicht nur die Auswahl eines Ehe- oder Lebenspartners diskriminierungsrechtlich freigestellt sein,[69] sondern z. B. auch die Gründung von Frauencafés, Männerclubs, türkischen Fußball- und schwulen Gesangvereinen.[70] Dies liegt daran, dass die Auswahlentscheidung im persönlichen Lebensbereich einen subjektiv geprägten Vorgang darstellt, durch den nicht zwangsläufig die abgelehnte Person in ihrem personalen Achtungsanspruchs verletzt wird.[71]

Letztlich wird es stets auf den Grad des persönlichen Kontakts und die konkreten Umstände des Einzelfalls ankommen. Als Faustregel gilt: Je öffentlicher eine privatautonome Handlung, desto strenger ist die Bindung an das Diskriminierungsverbot; je intimer die privatautonome Handlung, desto weniger Vorgaben können für die Auswahlentscheidung gerechtfertigt werden.[72] Ungeklärt bleibt aber, wo konkret die Grenzlinie zwischen privater und öffentlicher Sphäre verläuft.

(c) Veränderbare vs. unveränderbare Kategorien

In der Literatur wird zudem danach differenziert, ob es sich um veränderbare oder unveränderbare bzw. unzumutbar veränderbare Persönlichkeitsmerkmale handelt. Als unveränderbar werden regelmäßig (vermeintlich) biologische Merkmale wie die Hautfarbe oder das Geschlecht, aber auch die nationale Herkunft angesehen.[73] Die Merkmale Religion und Weltanschauung gelten als unveränderbar, da es für den Einzelnen jedenfalls unzumutbar ist, darüber zu disponieren („sacrificium intellectus").[74] Bei veränderbaren Merkmalen seien Merkmalsträger weniger schutzwürdig, weil sie ausweichen können, während den Trägern unveränderlicher Merkmalen diese Möglichkeit versperrt bleibe.[75] Dagegen wird überzeugend eingewandt, dass es gerade Sinn der Diskriminierungsverbote ist, keinen Veränderungsdruck zu erzeugen.[76] Zudem könne ein scheinbar so eindeutiges wie unveränderbares Kriterium wie das Geschlecht weder eindeutig noch unveränderbar sein, wie

69 *Bezzenberger*, AcP 196 (1996), 395 (415).
70 Beispiele so zu finden in *Lobinger*, EuZA 2009, 365 (380).
71 *Lobinger*, EuZA 2009, 365 (380).
72 *Lobinger*, EuZA 2009, 365 (379).
73 *Grünberger*, Gleichheit (Fn. 51), S. 859.
74 *Neuner*, JZ 2003, 57 (62).
75 *Grünberger*, Gleichheit (Fn. 51), S. 859.
76 Vgl hierzu *Somek*, Rationalität und Diskriminierung, 2001, S. 385 f.

die juristisch relevanten Phänomene von Inter- und Transsexualität zeigen.[77] Insoweit ist die Unterscheidung zwischen veränderbaren und unveränderbaren Merkmalen abzulehnen.

Auch die Differenzierung zwischen askriptiven und verhaltensbezogenen Persönlichkeitsmerkmalen muss auf Kritik stoßen.[78] *Schiek* versteht unter askriptiven Merkmalen „solche, aufgrund deren ein bestimmter Status anhand äußerlich wahrnehmbarer und unveränderbarer Kennzeichen zugeschrieben (askribiert) wird (also Geschlecht, Rasse, Behinderung)“.[79] Die verhaltensbezogenen Merkmale seien dagegen zwar auch nicht immer frei wählbar, jedenfalls aber nicht äußerlich wahrnehmbar.[80] Der Unterschied soll danach im Anschein einer Person liegen, den sie bei einem Dritten weckt. Nach diesem Konzept sind Gruppen, die sich (äußerlich wahrnehmbar) anpassen können, weniger schützenswert als Gruppen, die sich nicht (äußerlich) anpassen können. Letztlich zwingt dies Benachteiligte dazu, sich – soweit dies überhaupt möglich ist – (äußerlich wahrnehmbar) zu verändern, um Diskriminierungsschutz in Anspruch nehmen zu können. Eine solche Ausweichpflicht kann vom Antidiskriminierungsrecht qua Natur der Sache nicht intendiert sein.[81]

(2) Reduzierung des Diskriminierungsschutzes „in die Tiefe“[82]

Die Interessenabwägung bedeutet für die Architektur des Antidiskriminierungsrechts, dass sich die zweistufige Prüfung in Tatbestand und Rechtfertigung auf die Stufe des Tatbestands verschlankt. Entsprechend wird die Rechtfertigungsebene faktisch aufgelöst, indem diese in der Interessenabwägung aufgeht.

Diese Abwägungslösung weicht von den Vorgaben der erlassenen Antidiskriminierungsrichtlinien insbesondere in Bezug auf die teils sehr engen Voraussetzungen für die Rechtfertigung ab. Der mindestharmonisierende Charakter der Antidiskriminierungsrichtlinien ermöglicht nur, dass die Mitgliedsstaaten über die bindenden Vorgaben der Antidiskriminierungsrichtli-

77 *Grünberger*, Gleichheit (Fn. 51), S. 860; *Mörsdorf*, Ungleichbehandlung (Fn. 11), S. 199.
78 *Grünberger*, Gleichheit (Fn. 51), S. 859.
79 *Schiek*, Differenzierte Gerechtigkeit, 2000, S. 26.
80 *Schiek*, Gerechtigkeit (Fn. 79), S. 26.
81 *Grünberger*, Gleichheit (Fn. 51), S. 859.
82 *Lobinger*, Entwicklung (Fn. 19), S. 44.

nien hinausgehen und entsprechend das Schutzniveau erhöhen.[83] Indem „der Schutz in die Tiefe durch den Ausbau des Schutzes in die Breite"[84] bei der Abwägungslösung reduziert wird, wäre das von den Antidiskriminierungsrichtlinien vorgesehene Mindestmaß an Diskriminierungsschutz allerdings unterschritten. Insofern ist eine Änderung der Antidiskriminierungsrichtlinien zwingend erforderlich, die ins AGG umgesetzt werden müsste. Ob eine solche kompetenzrechtlich möglich wäre, wird in diesem Beitrag unter den kompetenzrechtlichen Grenzen untersucht.[85]

c) Mittelbare Diskriminierung

Der Vorschlag eines offenen Merkmalskatalogs hat erhebliche Auswirkungen auf die Konzeption der mittelbaren Diskriminierung. Mit einem offenen Merkmalskatalog verliert die oftmals schwierige Unterscheidung zwischen unmittelbarer und mittelbarer Diskriminierung an Plausibilität.[86]

Eine mittelbare Benachteiligung i.S.d. § 3 Abs. 2 AGG liegt vor, wenn dem Anschein nach neutrale Kriterien Personen wegen eines der verpönten Merkmale gegenüber anderen Personen stärker benachteiligen können. Die mittelbare Benachteiligung knüpft an die diskriminierenden Folgewirkungen eines Verhaltens an. So wird z. B. eine mittelbare Diskriminierung bei einer Stellenanzeige mit der Anforderung „Deutsch als Muttersprache" bejaht.[87] Faktisch ist eine Benachteiligung aufgrund der ethnischen Herkunft anzunehmen, die lediglich hinter dem neutralen Stellvertreterkriterium des „Muttersprachlers" versteckt wird.

Während die Richtlinienvorgaben und entsprechend das AGG für die unmittelbare Benachteiligung bestimmte Anforderungen an die Rechtfertigung einer Benachteiligung vorsehen (z. B. Art. 4 der Richtlinie 2000/43/EG; § 8 Abs. 1 AGG), ist es für eine Rechtfertigung bei einer mittelbaren Benachteiligung ausreichend, wenn der Diskriminierende ein rechtmäßiges Ziel mit verhältnismäßigen Mitteln verfolgt (z. B. Art. 2 der Richtlinie 2000/43/EG; § 3 Abs. 2 Hs. 2 AGG).

83 Vgl. Art. 6 Abs. 1 Richtlinie 2000/43/EG; Art. 8 Abs. 1 Richtlinie 2000/78/EG; Art. 7 Abs. 1 Richtlinie 2004/113/EG; Art. 27 Abs. 1 Richtlinie 2006/54/EG.

84 *Lobinger*, Entwicklung (Fn. 19), S. 49.

85 Dazu unter D.

86 *Hartmann*, EuZA 2019, 24 (43).

87 BAG 29.6.2017 – 8 AZR 402/15, NZA 2018, 33 (Rn. 57 ff.).

Ein offener Merkmalskatalog führt nunmehr dazu, dass alle scheinbar neutralen Kriterien, die sich auf bestimmte Personengruppen stärker benachteiligend auswirken, bereits unmittelbar vom Merkmalskatalog erfasst werden. Dies macht die Rechtsfigur einer mittelbaren Benachteiligung obsolet.

d) Konkreter Vorschlag

Auf dieser Basis wird im Schrifttum eine Änderung der Antidiskriminierungsrichtlinien vorgeschlagen:

„Zweck dieser Richtlinie ist es, Benachteiligung, insbesondere aus Gründen der Rasse oder wegen der ethnischen Herkunft, des Geschlechts, der Religion oder Weltanschauung, einer Behinderung, des Alters oder der sexuellen Identität zu verhindern oder zu beseitigen. Eine Diskriminierung liegt vor, wenn eine Person wegen der genannten Gründe in Satz 1 eine objektive herabsetzende, die grundlegende Gleichwertigkeit aller Menschen missachtende Handlungsweise erfährt.“[88]

In gleichem Maße müsste die Umsetzungsnorm des § 1 AGG geändert werden. Angewandt auf den oben genannten „Ossi-Fall“ hätte das ArbG Stuttgart eine Diskriminierung feststellen müssen, da die Stellenbewerberin in ihrem „So-Sein“ aufgrund ihrer geografischen Herkunft herabgewürdigt wurde.

2. Zwischenfazit

Auf Basis einer persönlichkeitsrechtlichen Auffassung wird für einen postkategorialen Diskriminierungstatbestand ein nicht abschließender, offener Merkmalskatalog vorgeschlagen. Hierdurch wird die Unterscheidung zwischen unmittelbarer und mittelbarer Benachteiligung obsolet. Für das einschränkende Tatbestandsmerkmal einer Persönlichkeitsrechtsverletzung ist eine Abwägung des Persönlichkeitsrechts des Benachteiligten mit der Vertragsfreiheit des Benachteiligenden vorzunehmen. Hierfür spielen der Vertragszweck und die Unterscheidung zwischen öffentlicher und persönlicher Sphäre eine wichtige Rolle. Dieser Vorschlag erfordert eine Änderung der Antidiskriminerungsrichtlinie sowie des AGG.

---

88 *Lobinger*, Entwicklung (Fn. 19), S. 44, 49.

3. Vorschlag auf Basis einer gleichheitsrechtlichen Auffassung

Von Vertretern der gleichheitsrechtlichen Auffassung wird ebenfalls ein offener Merkmalskatalog gefordert. Zum Schutz der grundrechtlich geschützten Vertragsfreiheit soll eine sachgerechte Eingrenzung über das Tatbestandsmerkmal einer Ausgrenzung von strukturell benachteiligten Gruppen erfolgen.[89]

a) Offener Merkmalskatalog

Es lässt sich nach einer gleichheitsrechtlichen Auffassung nicht erklären, weshalb sich der Schutz nur auf wenige strukturell benachteiligte Personengruppen beschränkt.[90] Denn wer einzelne Gruppen herausgreift und sie unter einen Gleichheitsschutz stellt, den er anderen nicht gewährt, trifft eine Ungleichbehandlung, für die Gründe nicht immer zu finden sind.[91] Insofern liegt einer gleichheitsrechtlichen Auslegung die Vorstellung zu Grunde, dass jegliche strukturell benachteiligten Gruppen – nicht nur diejenigen, die explizit im Merkmalskatalog des § 1 AGG genannt sind – vom Diskriminierungsschutz umfasst sein müssen.[92]

b) Tatbestandsmerkmal: Ausgrenzung von strukturell benachteiligten Gruppen

Auch hier besteht die Notwendigkeit einer sachgerechten Einschränkung des weiten Diskriminierungsschutzes. Als Tatbestandsmerkmal wird die Ausgrenzung von strukturell benachteiligten Gruppen an der gesellschaftlichen und wirtschaftlichen Teilhabe vorgeschlagen.[93] In welcher Situation eine solche Ausgrenzung vorliegt, wird in der Literatur nicht weiter konkretisiert. Hierfür wäre es erforderlich, auf andere Erkenntnishilfen, z. B. auf soziologische Studien und Statistiken, zurückzugreifen.[94]

---

89 *Liebscher/Naguib/Plümecke/Remus*, KJ 2012, 204 (218); *Neuner*, JZ 2003, 57 (62).

90 *Adomeit/Mohr*, AGG, 2. Aufl. 2011, § 1 AGG Rn. 38.

91 MüKoBGB/*Thüsing*, 9. Aufl. 2021, § 1 AGG Rn. 7.

92 *Adomeit/Mohr*, AGG, 2. Aufl. 2011, § 1 AGG Rn. 36 ff.; *Thüsing*, ZfA 2001, 397 (414).

93 *Liebscher/Naguib/Plümecke/Remus*, KJ 2012, 204 (218).

94 Hilfreich könnten hier bspw. Studien der Antidiskriminierungsstelle des Bundes sein wie *Beigang/Fetz/Kalkum/Otto*, Diskriminierungserfahrungen in Deutschland, 2017.

Dabei bleibt auch unklar, ob und wie etwaige Rechtfertigungsmöglichkeiten von Benachteiligungen bei diesem Modell berücksichtigt werden können. Sind solche überhaupt nicht vorgesehen oder bilden diese nicht die teilweise engen Voraussetzungen der Antidiskriminierungsrichtlinien ab, dann wäre auch eine Änderung der Antidiskriminierungsrichtlinien und entsprechend eine Anpassung des AGG erforderlich.

c) Das Konzept Grünbergers

Für die Entwicklung eines Lösungsansatzes für das Kategorienproblem kann das Konzept von *Grünberger* nur bedingt furchtbar gemacht werden. Nach *Grünberger* sollen die verpönten Merkmale markieren, in welchen Situationen der Diskriminierende gesteigerten Rechtfertigungspflichten unterliegt.[95] Hierdurch werden die Merkmalskategorien in ihrer Bedeutung relativiert, da diese lediglich festlegen, welche Rechtfertigungsanforderungen zu stellen sind.[96]

Für die Erweiterung des Merkmalskatalogs schlägt er vor, in einer „sozialen, politischen, historischen und ökonomischen Zusammenschau" zu ermitteln, welche Personengruppen schutzwürdig sind.[97] Dabei bleibt unklar, wie dies im Einzelfall zu erfolgen hat.

d) Mittelbare Diskriminierung

Auch auf Basis einer gleichheitsrechtlichen Auffassung wird die Unterscheidung zwischen unmittelbarer und mittelbarer Diskriminierung durch den offenen Merkmalskatalog obsolet.

e) Konkreter Vorschlag

Von Vertretern dieses Ansatzes wird neben einem offenen Merkmalskatalog gefordert, „Praxen von Stigmatisierung, Benachteiligung und Ausgrenzung von gesellschaftlicher Teilhabe, Teilnahme und Anerkennung, die auf gesell-

---

95 *Grünberger*, Gleichheit (Fn. 51), S. 849 f.
96 *Hartmann*, EuZA 2019, 24 (30).
97 *Grünberger*, Gleichheit (Fn. 51), S. 868 f.

schaftlich erzeugten Gruppen beruhen"[98], als konkretisierende Tatbestandselemente einer Diskriminierung aufzunehmen. Wie im Einzelnen diese Praxen ausgestaltet sein müssen, bleibt bei diesem Vorschlag ebenfalls unklar.

Angewandt auf den „Ossi-Fall" hätte das ArbG Stuttgart jedenfalls diskutieren müssen, inwieweit eine sozial relevante, strukturell verankerte Ost-West-Differenz auf dem Arbeitsmarkt etabliert ist.

4. Zwischenfazit

Der Vorschlag auf Basis einer gleichheitsrechtlichen Auffassung löst das Kategorienproblem, indem nunmehr alle Merkmale durch den offenen Merkmalskatalog erfasst werden können. Einschränkend wird ein Ausgrenzungstatbestand gefordert. Wann ein solcher vorliegt und wie die Rechtfertigungsmöglichkeiten aussehen könnten, bleibt bei diesem Vorschlag allerdings unklar. Auch auf Basis einer gleichheitsrechtlichen Auffassung wäre eine Änderung der Antidiskriminierungsrichtlinien und des AGG erforderlich.

5. Stellungnahme

Beide Modelle haben den Vorteil, dass durch den offenen Merkmalskatalog alle möglichen Ungleichbehandlungen zunächst einmal tatbestandlich erfasst werden.[99] Soweit sich neue Sachverhalte und Konstellationen einer Ungleichbehandlung ergeben, die zuvor nicht bedacht worden sind, könnten Gerichte und Rechtsanwender im Rahmen eines offenen Merkmalskatalogs flexibler auf die gesellschaftlichen Realitäten reagieren.[100]

Für eine gleichheitsrechtliche Auffassung spricht, dass verteilungspolitische Zielsetzungen in den Erwägungsgründen der Richtlinien genannt werden.[101] Auch für die persönlichkeitsrechtliche Auffassung finden sich Anhaltspunkte in den Richtlinien[102] sowie in der Gesetzesbegründung zum AGG.[103]

98 *Liebscher/Naguib/Plümecke/Remus*, KJ 2012, 204 (218).

99 Antidiskriminierungsstelle des Bundes, Rechtsexpertise (Fn. 57), S. 106.

100 Antidiskriminierungsstelle des Bundes, Rechtsexpertise (Fn. 57), S. 105.

101 Erwägungsgründe 8 ff. Richtlinie 2000/43/EG; 8 Richtlinie 2000/78/EG; 9 bis 11 Richtlinie 2004/113/EG.

102 Vgl. hierzu ausführlich *Lobinger*, Entwicklung (Fn. 19), S. 40.

103 BT-Drs. 16/1780, S. 21.

Entscheidend ist, dass nur die persönlichkeitsrechtliche Auffassung mit den Grundstrukturen der Privatrechtsordnung vereinbar ist.[104] Eine Umverteilung zugewiesener Rechte im Privatrecht darf nach der Privatrechtsidee nur vorgenommen werden, wenn die Berechtigten ihren Willen hierzu erteilen.[105] Nach einer gleichheitsrechtlichen Auffassung wird den Haftungsadressaten des AGG die Aufgabe übertragen, ihre Ressourcen auf andere Private umzuverteilen und hierdurch Verteilungsgerechtigkeit herzustellen,[106] ohne dass sie hierzu eingewilligt hätten. Dies ist mit der Privatrechtsidee unvereinbar. Privatrechtsimmanent begründete Ausnahmen hiervon sind nicht zu erkennen.[107]

Eine gleichheitsrechtliche Auffassung kann des Weiteren nicht überzeugen, da sie von den Haftungsadressaten im AGG ein gleichheitswidriges Sonderopfer abverlangt – und dies, obwohl die Betroffenen im Grundsatz für die bestehenden Teilhabedefizite bestimmter Gruppen nicht mehr verantwortlich sind als die Allgemeinheit.[108] Zwar kann eine solche Verantwortung von Arbeitgebern, Vermietern sowie anderen Haftungsadressaten des AGG insofern bejaht werden, als sie durch die Verteilung an Arbeitsplätzen bzw. Wohnraum einen wesentlichen Schlüssel zur Teilhabe an Ressourcen der Gesellschaft haben.[109] Gleichzeitig sorgen diese aber auch erst dafür, dass knappe Güter in einem bestimmten Umfang überhaupt angeboten werden und hierdurch der Staat in diesem Bereich entlastet wird.[110] Andernfalls würde der Besitz von wichtigen Ressourcen für sich allein eine Legitimation dafür liefern, den Ressourcenbesitzer in Anspruch zu nehmen.[111] Das Privatrecht

---

104 Zum Prüfungsmaßstab der Privatrechtsordnung trotz unionsrechtlicher Determinierung des AGG *Lobinger*, AcP 216 (2016), 28 (82), der ein "Systemvorverständnis" auf nationaler Ebene für erforderlich hält.

105 *Lobinger*, AcP 216 (2016), 28 (85).

106 *Lobinger*, in: Vertragsfreiheit (Fn. 41), S. 99 (156).

107 Nach *Lobinger*, AcP 216 (2016), 28 (87) wäre dies beispielsweise bei einer notstandsähnlichen Lage der Fall, an der es regelmäßig im Ausgangspunkt schon fehlt, da die positive Vertragsfreiheit der zu Fördernden und die negative Vertragsfreiheit der in Anspruch genommenen im Privatrecht gleichwertig sind.

108 *Lobinger*, in: Vertragsfreiheit (Fn. 41), S. 99 (156); *E. Picker*, in: Karlsruher Forum (Fn. 6), S. 7 (81).

109 *Singer*, in: Hanau/Thau/Westermann (Hrsg.), Gegen den Strich, Festschrift für Klaus Adomeit, 2008, S. 703 (706 f.); *Grünberger/Reinelt*, Konfliktlinien im Nichtdiskriminierungsrecht, 2020, S. 33, die von Arbeitgebern als „Strukturbrechern" sprechen.

110 *Lobinger*, in: Vertragsfreiheit (Fn. 41), S. 99 (158).

111 *E. Picker*, in: Karlsruher Forum (Fn. 6), S. 7 (80).; *ders.*, in: FS Adomeit (Fn. 109), S. 541 (554).

kann nicht für Allgemeinwohlbelange in Dienst genommen werden. Der gleichheitsrechtlichen Auffassung ist deshalb eine Absage zu erteilen.

Auch wenn das postkategoriale Modell nach der integritätsschützenden Auffasung eine sachgerechtere Erfassung von Diskriminierung erlaubt, erfordert diese gleichwohl mehr Abwägungsarbeit. Man kann sich nicht mehr auf die Indizwirkung der Merkmale stützen, sondern muss in jedem Einzelfall jeweils eine Persönlichkeitsrechtsverletzung positiv feststellen.[112]

In dem Tatbestandsmerkmal der Persönlichkeitsrechtsverletzung sehe ich eine entscheidende Schwäche dieses Modells. Da Betroffenen nicht klar ist, wie die Abwägung der betroffenen Interessen im Einzelfall ausfallen wird, besteht Rechtsunsicherheit.[113] Ein solches postkategoriales Modell könnte dazu führen, dass das Gesetz als ein vages, unrealistisches Gebilde wahrgenommen würde.[114] Verstärkt wird dieser Eindruck dadurch, dass nicht mehr der Gesetzgeber den Umfang des Diskriminierungsschutzes vorgibt; vielmehr müssten die Gerichte diesen bei der Feststellung einer Persönlichkeitsverletzung festlegen.[115] Der Umfang des Diskriminierungsschutzes würde nicht mehr in der Hand des demokratisch legitimierten Gesetzgebers, sondern in den Händen der Gerichte liegen. Diese wären zwar in der Lage, Fallgruppen für einen generalklauselartigen Diskriminierungsschutz zu entwickeln. Dennoch würde die Konkretisierung durch die Rechtsprechung in der Regel einige Zeit erfordern. Für diese Zwischenphase kann die angestrebte Flexibilität durch einen postkategorialen Integritätsschutz nur auf Kosten der Rechtssicherheit erreicht werden. Auf das Kategorienproblem mit der Öffnung des Merkmalskatalogs und der Einschränkung einer Persönlichkeitsrechtsverletzung zu reagieren, erscheint aus meiner Sicht im Hinblick auf die erhoffte Verbesserung des Diskriminierungsschutzes zu kostenintensiv.

III. Zwischenfazit

Eine gleichheitsrechtliche Auffassung kommt als Ausgangspunkt für ein postkategoriales Modell nicht in Betracht, da diese mit den Grundsätzen unserer Privatrechtsordnung unvereinbar ist sowie ein gleichheitswidriges Sonderopfer verlangt. Eine persönlichkeitsschutzrechtliche Auffassung kann

112 *Hartmann*, EuZA 2019, 24 (43); *Lobinger*, Entwicklung (Fn. 19), S. 49.
113 Antidiskriminierungsstelle des Bundes, Rechtsexpertise (Fn. 57), S. 105.
114 *Benecke*, Rechtsvergleich der europäischen Systeme zum Antidiskriminierungsrecht, 2010, S. 68.
115 *Lobinger*, Entwicklung (Fn. 19), S. 48.

für ein postkategoriales Modell fruchtbar gemacht werden. Dieses ermöglicht einen flexibleren Diskriminierungsschutz, schränkt allerdings die Rechtssicherheit erheblich ein. Da ein postkategorialer Diskriminierungsschutz infolge seiner Abwägungslösung vom Mindestschutzumfang der Antidiskriminierungsrichtlinien abweicht, wäre zudem eine Änderung der Antidiskriminierungsrichtlinien und entsprechend des AGG nötig.

D. (Kompetenzrechtliche) Grenzen eines postkategorialen Antidiskriminierungsrechts

Des Weiteren werden die (kompetenzrechtlichen) Grenzen eines postkategorialen Antidiskriminierungsrechts untersucht. Für eine Änderung der Antidiskriminierungsrichtlinien durch den Unionsgesetzgeber ist eine entsprechende Ermächtigungsnorm erforderlich.[116]

Aus der Grundrechtecharta ergibt sich funktionsgemäß kein Kompetenzzuwachs, da die in den Verträgen festgelegten Aufgaben und Zuständigkeiten der Europäischen Union durch die Charta nicht berührt oder gar ausgeweitet werden (vgl. Art. 6 Abs. 1 UAbs. 2 EUV und Art. 51 Abs. 2 GRCh). Auch durch die Implementierung des Art. 21 GRCh in das Primärrecht sollte keine konkurrierende Ermächtigungsnorm oder ein umfassendes Diskriminierungsverbot in den von Art. 19 AEUV erfassten Bereichen geschaffen werden.[117]

Will der Unionsgesetzgeber einen postkategorialen Diskriminierungsschutz schaffen, könnte er sich auf die Kompetenzergänzungsklausel in Art. 352 AEUV stützen. Danach kann die Union notwendige Maßnahmen treffen, sollte ein Tätigwerden im Rahmen der ihr von den Verträgen übertragenen Politikbereichen erforderlich sein, um eines der Ziele der Verträge zu verwirklichen. Art. 352 AEUV soll gewährleisten, dass die Union funktionsfähig bleiben soll, selbst wenn keine spezielle Rechtssetzungsgrundlage vorliegt.[118]

Für die hiernach vorausgesetzten „Ziele der Verträge“ kann die allgemeine Zielbestimmung des Art. 3 Abs. 3 UAbs. 2 EUV herangezogen werden, die vom „Kampf gegen soziale Ausgrenzungen und Diskriminierungen“

116 *Mörsdorf*, Ungleichbehandlung (Fn. 11), S. 197.
117 Erläuterungen zur Charta der Grundrechte, ABl. C 303 v. 14.12.2007, S. 17, 24.
118 Streinz/*Streinz*, EUV/AEUV, 3. Aufl. 2018, Art. 352 AEUV Rn. 1.

spricht.[119] Mögliche Politikbereiche i.S.d. Art. 352 AEUV werden z. B. in Art. 8 AEUV (Diskriminierungsverbot und Gleichstellungsgebot in Bezug auf Männer und Frauen) und in Art. 9 AEUV („Bekämpfung der sozialen Ausgrenzung“) genannt. Für einen umfassenden Schutz in diesen Bereichen kann der Unionsgesetzgeber eine Öffnung des Merkmalskatalogs für erforderlich halten, da ihm ein weiter Beurteilungsspielraum zukommt.

Art. 352 AEUV kommt nur dann zum Tragen, wenn die Verträge für das erforderliche Tätigwerden keine speziellen Befugnisse vorsehen. Zwar enthält Art. 19 AEUV für die Normierung der dort enumerativ aufgezählten Diskriminierungsgründe eine spezielle Befugnis. Diese ist allerdings für die Normierung eines offenen Merkmalskatalogs materiell unzureichend. Ob Art. 352 AEUV in den Fällen einer unzureichenden Kompetenzbestimmung zur Anwendung kommen kann, ist strittig.

Für die Anwendbarkeit von Art. 352 AEUV spricht dessen Wortlaut, der nur ein Fehlen der "erforderlichen Befugnisse" in den Verträgen voraussetzt; dass "keine Befugnisse" bestehen sind, ist nicht erforderlich.[120]

Des Weiteren lässt sich ein *argumentum a maiore ad minus* bemühen: Art. 352 AEUV ermöglicht ein Handeln der Union, sofern keine Zuständigkeitsnorm besteht. Gibt es eine unzureichende Kompetenznorm, dann müsste konsequenterweise dasselbe gelten. Andernfalls würde bei Fehlen einer Kompetenznorm der Union eine weitere Zuständigkeit zukommen als in Fällen einer unzureichenden Befugnis. Dies wäre ein grober Wertungswiderspruch.[121] Ein Rückgriff auf die Kompetenzergänzungsklausel wird daher zurecht für möglich gehalten.[122] Gleichwohl ist darauf hinzuweisen, dass in der praktischen Umsetzung das besondere Gesetzgebungsverfahren in Art. 352 AEUV einzuhalten wäre, das Einstimmigkeit im Rat voraussetzt. Ob die Zustimmung aller Mitgliedsstaaten bei einer derart politisch umstrittenen Materie tatsächlich erreicht werden kann, ist höchst zweifelhaft.

---

119 So Grabitz/Hilf/Nettesheim/*Winkler*, EUV/AEUV, 76. EL (Mai 2022), Art. 352 AEUV Rn. 54 f.

120 Streinz/*Streinz*, EUV/AEUV, 3. Aufl. 2018, Art. 352 AEUV Rn. 40; *Schwartz*, in: Immenga/Möschel/Reuter (Hrsg.), Festschrift für Ernst-Joachim Mestmäcker, 1996, S. 467 (478 f.).

121 *Franzen*, Privatrechtsangleichung durch die Europäische Gemeinschaft, 1999, S. 88.

122 Streinz/*Streinz*, EUV/AEUV, 3. Aufl. 2018, Art. 352 AEUV Rn. 40 ff.

E. Fazit

Im Ausgangspunkt sind die Forderungen nach einem postkategorialen Modell berechtigt, da das Kategorienproblem des geltenden Antidiskriminierungsrechts zu Abgrenzungsschwierigkeiten und Wertungswidersprüchen führt. Gleichwohl bietet ein postkategoriales Modell weder auf Basis einer gleichheitsrechtlichen Auffassung noch einer persönlichkeitsschützenden Auffassung den erwünschten Rechtsfortschritt. Eine gleichheitsrechtliche Auffassung kommt im Ausgangspunkt nicht in Betracht, da diese nicht mit der Privatrechtsordnung vereinbar ist und ein gleichheitswidriges Sonderopfer verlangt. Bei einem postkategorialen Modell auf Grundlage einer persönlichkeitsschützenden Auffassung geht die angestrebte Flexibilität erheblich zu Lasten der Rechtssicherheit. Zudem müssten für die Umsetzung die Antidiskriminierungsrichtlinien und entsprechend das AGG geändert werden. Auch wenn der Unionsgesetzgeber hierfür die Kompetenz hätte, bestehen große Zweifel, ob ein postkategorialer Diskriminierungsschutz infolge des besonderen Gesetzgebungsverfahrens in Art. 352 AEUV praktisch umgesetzt werden könnte.

Indizien und Vermutungen – Beweisfragen im Antidiskriminierungsrecht

Martina Benecke

I. Einführung: § 22 AGG

Die Beweisregelung des § 22 AGG gehörte seit dem Erlass des Gesetzes zu den meistdiskutierten Regelungen. 2007 wurde vorausgesagt, die praktische Bedeutung der Neuregelungen werde sich „nicht zuletzt aus dem Beweisrecht ergeben".[1] 20 Jahre später haben sich Bewerbungsverfahren als das Gebiet des AGG von größter praktischer Relevanz ergeben.[2] Wenn es hier allerdings Unsicherheiten gibt, hängen sie weniger mit Beweisfragen zusammen, sondern vor allem mit der wechselhaften Rechtsprechung des BAG zum Bewerberbegriff und zum Rechtsmissbrauch – Stichwort AGG-Hopping.[3] Jedoch sind in den Jahren 2019 und 2021 zwei Entscheidungen des EuGH und des BAG ergangen, von denen erwartet wird, dass sie vor allem dem Bereich der Entgeltdiskriminierung wegen des Geschlechts neue Antriebe geben. Statistische Mittel zum Beweis einer Diskriminierung, die bisher ungeachtet der Erwartungen des Gesetzgebers[4] selten zur Anwendung kamen, könnten damit zentrale Bedeutung bekommen.

II. Geltungsbereich und Mechanismus der Norm

Ein genauer Blick auf § 22 AGG, der in Umsetzung der mittlerweile aufgehobene sog. Beweislastrichtlinie 97/80/EG und der Beweislastregelungen in den Antidiskriminierungsrichtlinien (Art. 8 Antidiskriminierungs-RL, Art. 10 Gleichbehandlungs-Rahmen-RL und Art. 9 Unisex-RL sowie Art. 19 Gleich-

1 *Windel*, RdA 2007, 1 (1).

2 BeckOGK/*Benecke*, 1.9.2022, AGG § 22 Rn. 30 ff. Derselbe Autor (s. Fn. 1) stellte das auch bereits vier Jahre später erneut fest: *Windel*, RdA 2011, 193.

3 Dazu kritisch *Benecke*, EuZA 2018, 403.

4 Nach der Gesetzesbegründung zum AGG könnten die Ergebnisse von Statistiken neben den „so genannten Testing-Verfahren" „im Rahmen der richterlichen Würdigung des Sachverhalts einen tatsächlichen Anhaltspunkt darstellen", BT-Drs. 16/1780, 47.

behandlungs-RL) entstanden ist, zeigt, dass sowohl Geltungsbereich als auch Wortlaut und Funktionsweise der Norm Besonderheiten aufweisen.

1. Geltungsbereich und Gegenstand

Wie erwähnt (oben I.), findet § 22 AGG vor allem bei den meist umfassend dokumentierten Einstellungs- und Beförderungsentscheidungen Anwendung. Flüchtige und oft geheim gehaltene Bereiche der Diskriminierung wie Belästigung („Mobbing“) und sexuelle Belästigung gehören dagegen nicht zu den Anwendungsbereichen der Norm, auch wenn hier Beweisnot besonders häufig beklagt wird. Der Grund dafür liegt im Anwendungsbereich der Norm.

Dabei muss zunächst festgehalten werden, dass die Regelung ungeachtet ihrer systematischen Stellung im zivilrechtlichen Teil auch und insbesondere für den arbeitsrechtlichen Teil, also die §§ 6–18 AGG gilt; ungeachtet des viel gescholtenen § 2 Abs. 4 AGG auch für diskriminierende Kündigungen.[5] Weiter erfasst sie alle Formen der Benachteiligung im Sinne von § 3 AGG, also die unmittelbare wie die mittelbare, die Belästigung, die sexuelle Belästigung und die Anweisung zur Benachteiligung.

Begrenzt ist dagegen der Gegenstand. Ungeachtet des missverständlichen Wortlauts entspricht es heute nahezu allgemeiner Meinung, dass die Beweiserleichterung des § 22 AGG nicht die Benachteiligung als solche erfasst. Der Mechanismus der Norm bezieht sich stattdessen ausschließlich auf die Behauptung, die Maßnahme sei wegen eines in § 1 AGG genannten Grunds erfolgt, also auf die Kausalität des Benachteiligungsgrundes für die Benachteiligung.[6] Das erklärt, weshalb sie z.B. in Fällen der sexuellen Belästigung, deren Motivation wegen des Geschlechts meist auf der Hand liegt, wenig Bedeutung hat, denn die Belästigung selbst unterliegt wie jeder benachteiligende Akt den allgemeinen Regeln, ist also vom Anspruchsteller zu beweisen.[7]

---

5 BAG 19.12.2013 – 6 AZR 190/12, NZA 2014, 372 (Rn. 41); näher BeckOGK/*Benecke*, 1.9.2022, AGG § 22 Rn. 4.

6 BAG 24.1.2013 – 8 AZR 429/11, NZA 2013, 498; so auch *Adomeit/Mohr*, AGG, 2007, § 22 Rn. 19 ff.; BeckOGK/*Benecke*, 1.9.2022, AGG § 22 Rn. 14 ff.; *Bauer/Krieger/Günther*, AGG, EntgTranspG, 5. Aufl. 2018, § 22 AGG Rn. 6; *Grobys*, NZA 2006, 898 (900); ErfK/*Schlachter*, 22. Aufl. 2022, § 22 AGG Rn. 2; Wendeling-Schröder/Stein/*Stein*, AGG, 2008, § 22 Rn. 12; Schiek/*Kocher*, AGG, 2007, § 22 Rn. 10; *Wackerbarth*, ZIP 2007, 453 (456) – jeweils mwN. Die Gegenansicht findet sich bei HK-AGG/*Bertzbach/Beck*, 5. Aufl. 2021, § 22 Rn. 16 ff.; *Windel*, RdA 2007, 1 (2).

7 Übersichtlich *Bauer/Krieger/Günther*, AGG, EntgTranspG, 5. Aufl. 2018, § 22 AGG Rn. 8 f.

2. Wortlaut und rechtlicher Mechanismus

Der in § 22 AGG zentrale Begriff des Indizes war vor dem Erlass des AGG eher aus dem strafrechtlichen Ermittlungsverfahren jedem Krimikonsumenten bekannt. Auch in den zugrundeliegenden Richtlinien wird er nicht erwähnt. Nach deren Wortlaut muss die anspruchstellende Partei „Tatsachen glaubhaft machen", um die Beweislastumkehr herbeizuführen, nach der deutschen Umsetzung dagegen „Indizien beweisen". Dieser abweichende Wortlaut erklärt sich mit der Verwechselungsgefahr mit dem prozessualen Begriff der Glaubhaftmachung in § 294 ZPO und ist grundsätzlich europarechtlich unbedenklich.[8]

Hier hilft es, zwischen Beweislast und Beweismaß zu unterscheiden.[9] An der Beweislast ändert § 22 AGG im Ausgangspunkt nichts. Die den Anspruch begründenden Tatsachen sind vom Anspruchsteller – in den meisten Fällen also vom Arbeitnehmer – vorzutragen und zu beweisen. Das betrifft auch die – wie ausgeführt – maßgebliche Kausalität zwischen Diskriminierungsmerkmal und Benachteiligung. Die Formulierung „Indizien beweisen" setzt dann beim Beweismaß an. Während § 286 Abs. 1 ZPO grundsätzlich das Beweismaß des Vollbeweises verlangt, das Gericht also von der Wahrheit der tatsächlichen Behauptung überzeugt sein muss,[10] ist der Indizienbeweis eigentlich eine Glaubhaftmachung: Das Gericht muss die Kausalität nur für überwiegend wahrscheinlich halten.[11]

Für diese Bewertung gilt wiederum der Grundsatz der freien richterlichen Überzeugung gemäß § 286 ZPO, nach der das Gericht zum Ergebnis kommen muss, dass ein Beweismaß in Gestalt einer Wahrscheinlichkeit von mehr als 50 % erreicht sein muss.[12] Ist das der Fall, kippt die Beweislast bzw. dreht sich: Der Anspruchsgegner muss beweisen, dass das Merkmal nach § 1 AGG nicht kausal für die Benachteiligung war.

Zusammengefasst führt § 22 AGG also zu folgender Verteilung der Beweislasten.[13] Der Anspruchsteller muss den Anwendungsbereich des AGG darlegen und beweisen, außerdem die tatsächlichen Voraussetzungen der

---

8 BeckOGK/*Benecke*, 1.9.2022, AGG § 22 Rn. 3.

9 Näher BeckOGK/*Benecke*, 1.9.2022, AGG § 22 Rn. 22 ff.

10 *Saenger*, Zivilprozessordnung, 9. Aufl. 2021, ZPO § 286 Rn. 13.

11 MüKoBGB/*Thüsing*, 9. Aufl. 2021, AGG § 22 Rn. 10; ausführlich *Weigert*, NZA 2018, 1166.

12 BAG 22.7.2010 – 8 AZR 1012/08, NZA 2011, 93 (Rn. 65 ff.); *Bauer/Krieger/Günther*, AGG, EntgTranspG, 5. Aufl. 2018, § 22 AGG Rn. 10; BeckOGK/*Benecke*, 1.9.2022, AGG § 22 Rn. 23 ff.; Wendeling-Schröder/Stein/*Stein*, 2008, AGG, § 22 Rn. 15 ff., 20.

13 *Bauer/Krieger/Günther*, AGG, EntgTranspG, 5. Aufl. 2018, § 22 AGG Rn. 8.

objektiven Benachteiligung (wie erwähnt, gilt § 22 AGG auch nicht für die sexuelle Belästigung) und die formalen Voraussetzungen der Anspruchsnorm, beispielsweise die Einhaltung der Frist des § 15 Abs. 4 AGG. Für die Kausalität des Benachteiligungsgrundes genügt die überwiegende Wahrscheinlichkeit. Der Anspruchsgegner muss die fehlende Kausalität beweisen, außerdem die Voraussetzungen eines Rechtfertigungsgrundes nach §§ 5, 8–10 AGG und fehlendes Vertretenmüssen (z.B. gemäß § 15 Abs. 1 AGG).

III. Bisherige Anwendungs- und Streitfälle

Wie erwähnt, liegen die praktischen Anwendungsfälle des AGG vor allem im Umfeld des Bewerbungsverfahrens. Hier sind als hinreichende „Indizien" bisher vor allem diskriminierende Formulierungen in Stellenausschreibungen angesehen worden, die suggerieren, es seien vor allem männliche/junge/nichtbehinderte Bewerber erwünscht.[14] Die wohl zweitgrößte praktische Bedeutung hat die entgegen § 164 Abs. 1 S. 4 SGB IX unterlassene Beteiligung der Schwerbehindertenvertretung. Indizien können weiter sein: abfällige Bemerkungen im Vorstellungsgespräch oder im Absageschreiben, auch wenn sie durch Dritte erfolgt sind. Demgegenüber ist der bloße Einsatz von KI oder Algorithmen im Bewerbungsverfahren noch kein Indiz für eine Diskriminierung; wohl auch nicht das Weglassen des „dritten Geschlechts" in der Ausschreibung.[15]

Der Gegenbeweis ist nur erbracht, wenn der Arbeitgeber den Vollbeweis erbringt, dass für sein Handeln ausschließlich andere Gründe als das Diskriminierungsmerkmal ursächlich waren.[16] Das ist beispielsweise möglich durch den Nachweis der fehlenden objektiven Eignung des Kandidaten und grundsätzlich auch den Nachweis, dass andere Kandidaten mit den entsprechenden Merkmalen eingestellt wurden.[17] Ob eine nachträgliche Einbeziehung in das Verfahren beispielsweise in Gestalt einer Einladung zum Vorstellungsgespräch genügt, ist umstritten.[18] Der Praxis wird nachdrücklich

---

14 Zu den Anwendungsfällen ausführlich ErfK/*Schlachter*, 22. Aufl. 2022, AGG, § 22 Rn. 2 ff.; MüKoBGB/*Thüsing*, 9. Aufl. 2021, AGG, § 22 Rn. 12 ff.; jeweils mwN.

15 BeckOGK/*Benecke*, 1.9.2022, AGG, § 22 Rn. 33 f., 46 f.

16 So zum SGB IX BAG 21.7.2009 – 9 AZR 431/08, NZA 2009, 1087 (Rn. 38); näher *von Medem*, NZA 2007, 545.

17 MüKoBGB/*Thüsing*, 9. Aufl. 2021, AGG, § 22 Rn. 25.

18 Bejahend VG Mainz 21. 1. 2009 – 7 K 484/08, NVwZ-RR 2009, 570.

eine sorgfältige Dokumentation von Verfahren und den zugrundeliegenden Erwägungen empfohlen.[19]

IV. Insbesondere: Statistiken, Mediane und ihre Auswirkungen auf das AGG

Die Gesetzesbegründung zu § 22 AGG gibt zu der damals ganz neuartigen Norm wenig Anhaltspunkte. Immerhin findet sich darin der Satz, die Ergebnisse von Statistiken oder die „so genannten Testing-Verfahren“ könnten „im Rahmen der richterlichen Würdigung des Sachverhalts einen tatsächlichen Anhaltspunkt darstellen“.[20] Von Testing-Verfahren spricht man, wenn gezielt – fiktive – Vergleichspersonen eingesetzt werden, um zu überprüfen, ob der Getestete sich anders verhält als gegenüber einer Person, die Träger eines Merkmals nach § AGG § 1 ist.[21] Sie haben wenig praktische Bedeutung erlangt.[22] Auch der Beweis der Benachteiligung einer Gruppe gegenüber einer Vergleichsgruppe durch statistische Verteilungen ist bisher eher selten versucht worden. Allerdings sind in den vergangenen Jahren ein Urteil des EuGH und eines des BAG ergangen, die das ändern könnten. In beiden Fällen ging es um Diskriminierung wegen des (weiblichen) Geschlechts; die Grundsätze sind aber übertragbar.

1. Statistikbeweis

a) Begriff und bisherige Anwendungsfälle

Das eben Ausgeführte darf nicht missverstanden werden: Die Frage, ob eine Gruppe gegenüber einer anderen Gruppe statistisch benachteiligt ist, ist diskriminierungsrechtlich von großer praktischer Bedeutung, da der Begriff der mittelbaren Diskriminierung nach § 3 Abs. 2 AGG genau darauf aufbaut. So ist die Benachteiligung von Teilzeitbeschäftigten regelmäßig auch eine Be-

19 BeckOGK/*Benecke*, 1.9.2022, AGG § 22 Rn. 55 mwN.

20 BT-Drs. 16/1780, 47.

21 Dazu *Adomeit/Mohr*, AGG, 2007, Rn. 41; *Bauer/Krieger/Günther*, AGG, EntgTranspG, 5. Aufl. 2018, § 22 Rn. 11 Testing-Verfahren; BeckOGK/*Benecke*, 1.9.2022, AGG § 22; HK-AGG/*Bertzbach/Beck*, 5. Aufl. 2022, § 22 Rn. 100; Schiek/*Kocher*, AGG, 2007, § 22 Rn. 35; Wendeling-Schröder/Stein/*Stein*, AGG, 2008, Rn. 26; krit. *Krieger/Günther*, NZA 2015, 262; *Wackerbarth*, ZIP 2007, 453 (458).

22 S. aber LAG Schleswig-Holstein 9.4.2014 – 3 Sa 401/13, BeckRS 2014, 69694.

nachteiligung wegen des Geschlechts, da Frauen in dieser Beschäftigtengruppe deutlich überrepräsentiert sind.[23] Hier geht es allerdings bereits um die Benachteiligung als solche.

Davon zu trennen ist die Frage, ob und inwieweit Statistiken zur Glaubhaftmachung der für § 22 AGG maßgeblichen Kausalität geeignet sind. Der EuGH hat das zur Diskriminierung wegen des Geschlechts bereits in zwei Entscheidungen aus den 1990ern grundsätzlich bejaht.[24] Beide betreffen allerdings den Sonderfall der Entgeltgleichheit, die durch Primärrecht (gegenwärtig Art. 157 AEUV) besonders geschützt ist und bei der mittelbare und unmittelbare Diskriminierung oft nicht voneinander zu unterscheiden sind. Bereits damals hatte der EuGH die Grundanforderung aufgestellt, Statistiken müssten „aussagekräftig" sein, um diskriminierungsrechtlich von Belang zu sein.

2010 wandte das BAG dieses Kriterium auf den Fall einer Beförderungsentscheidung an, bei dem eindeutig nur unmittelbare Diskriminierung in Betracht kam. Es ging darum, ob die Beschäftigtenstruktur des Arbeitgebers, der in seinen unteren Hierarchieebenen überwiegend Frauen beschäftigt, in den drei obersten Ebenen dagegen keine Frauen, eine „gläserne Decke" für Beförderungen belegte. Das BAG sah diese Statistik – allein – als nicht aussagekräftig genug an, da sie keine hinreichenden Aussagen über die konkrete Beförderungsentscheidung treffen könne.[25]

Ebenfalls nicht aussagekräftig zum Beleg einer rassistischen Diskriminierung ist nach einer Entscheidung von 2012 die Tatsache, dass in einem Betrieb keine Arbeitnehmer nichtdeutscher Herkunft beschäftigt werden, wenn im gesamten Unternehmen Arbeitnehmer aus insgesamt 13 Nationen beschäftigt sind.[26] Allgemein heißt es in den Gründen der Entscheidung, die bloße Unterrepräsentation einer Gruppe sei „nicht zwingend ein Indiz für eine diskriminierende Personalpolitik".[27]

---

23 LAG Rheinland-Pfalz U12.8.2015 – 5 Sa 434/15, BeckRS 2015, 125689.

24 EuGH 27.10.1993 – Rs. C-127/92 (Enderby), NZA 1994, 797; 17.10.1989 – Rs. 109/88 (Danfoss), NZA 1990, 772.

25 BAG 22.7.2010 – 8 AZR 1012/08, NZA 2011, 93; anders die Vorinstanz LAG Berlin-Brandenburg 26.11.2008 – 15 Sa 517/08, NZA 2009, 43; dazu *Benecke*, DB 2011, 934; *Schmitt-Rolfes*, AuA 2013, 7.

26 BAG 21.6.2012 – 8 AZR 364/11, NZA 2012, 1345.

27 BAG 21.6.2012 – 8 AZR 364/11, NZA 2012, 1345 (Rn. 39).

b) „Allgemeine statistische Daten über den Arbeitsmarkt" als Indiz?

Zwei Entscheidungen des EuGH von 2019 legen allerdings eine deutlich weitere Beweiskraft allgemeiner Statistiken nahe; insbesondere die jüngere zu einem österreichischen Fall fand einige Aufmerksamkeit.[28] Nach den Entscheidungen genügt das Vorlegen statistischer Daten zur Glaubhaftmachung einer Diskriminierung; nach der Entscheidung zum österreichischen Fall sollen sogar allgemeine statistische Daten über den Arbeitsmarkt des betreffenden Mitgliedstaats genügen, wenn Daten speziell über die relevante Gruppe der Arbeitnehmer (im Entscheidungsfall Universitätsangehörige) dem Kläger schwer zugänglich oder überhaupt nicht verfügbar sind und daher nicht erwartet werden kann, dass er solche Daten vorlegt.[29]

An diesen Entscheidungen ist zweierlei bemerkenswert. Hinsichtlich der mittelbaren Diskriminierung wegen des Geschlechts folgen sie nicht der deutschen Dreigliedrigkeit des Beweises nach § 22 AGG, gehen also – erstens – vereinfacht gesagt davon aus, dass in der statistisch belegten Ungleichbehandlung der Gruppe bereits das „Indiz" für die Diskriminierung liegt, also bereits die Vermutungswirkung von Art. 19 Abs. 1 RL 2006/54 ausgelöst wird.[30] Hinzu kommen zweitens sehr niedrige Anforderungen an die Aussagekraft. Anders als in den eben erwähnten Fällen wurde gerade keine fallspezifische Betrachtung verlangt, sondern die wohl allgemeinste der allgemeinen statistischen Daten des Mitgliedstaats als jedenfalls grundlegend hinreichend erachtet. Begründet wird das mit der Beweisnot der Antragsteller.[31]

Bevor die bisherigen Grundsätze über den Haufen geworfen werden, sollten aber die Besonderheiten der beiden Fälle und die einschränkenden Bemerkungen in den Urteilsgründen beachtet werden. Zunächst hatten beide Fälle überregionale Grundlagen, da es im österreichischen Fall um eine Angestellte einer Universität ging, im spanischen um Fragen des Sozialversicherungsrechts. Für eine Diskriminierung innerhalb eines Privatbetriebes dürften sie damit nicht unmittelbar anwendbar sein. Zweitens überlässt der EuGH es ausdrücklich den nationalen Gerichten, zu beurteilen, inwieweit die

28 EuGH 3.10.2019 – C-274/18 (Schuch-Ghannadan), NZA 2019, 1485 (Rn. 46 ff.); dazu MüKoBGB/*Thüsing*, 9. Aufl. 2021, AGG § 22 Rn. 17 und *Schneider*, EuZA 2020, 378; außerdem EuGH 8.5.2019 – C-161/18 (Villar Láiz), BeckRS 2019, 8020 (Rn. 46) zu einem spanischen Fall; Gründe liegen nur in englischer und französischer Sprache vor.

29 EuGH 3.10.2019 – C-274/18 (Schuch-Ghannadan), NZA 2019, 1485 (Rn. 56).

30 EuGH 3.10.2019 – C-274/18 (Schuch-Ghannadan), NZA 2019, 1485 (Rn. 56); begründet mit dem dazugehörigen Erwägungsgrund 30 der Richtlinie EuGH 8.5.2019 – C-161/18 (Villar Láiz), BeckRS 2019, 8020 (Rn. 46).

31 Zustimmend *Schneider*, EuZA 2020, 378 (386 f).

vorgelegten statistischen Daten aussagekräftig sind und zu berücksichtigen. Im Ergebnis muss die EuGH-Rechtsprechung damit hierzulande also wenig ändern. Allgemeine Daten können jedoch anders als bisher nicht von vornherein mit dem Hinweis auf mangelnde Aussagekraft unbeachtet bleiben, sondern ihre Aussagekraft ist zumindest zu erwägen.

2. § 22 AGG und die Auskunft nach EntgTranspG

Eindeutige Relevanz für § 22 AGG und die deutsche Rechtslage hat indes eine Entscheidung des BAG aus dem Jahr 2021, in der dem bisher kaum beachteten Entgelttransparenzgesetz eine ganz überraschende Rolle zugeschrieben wird. Es ging um Entgeltgleichheit, für die nicht nur im EntgTranspG eine neue Anspruchsgrundlage gefunden wurde, sondern ihm insbesondere grundlegende beweisrechtliche Bedeutung zugeschrieben wurde.

Nach dem Leitsatz begründete der Umstand, dass das Entgelt einer klagenden Arbeitnehmerin geringer ist als das vom Arbeitgeber nach §§ 10 ff. EntgTranspG mitgeteilte Vergleichsentgelt (Median-Entgelt) der männlichen Vergleichsperson(en), regelmäßig die – vom Arbeitgeber widerlegbare – Vermutung, dass die Benachteiligung beim Entgelt wegen des Geschlechts erfolgt ist.[32] Für das juristische Publikum ungewöhnlich emotionale Reaktionen von „nicht begründbar“[33] bis „Unfug“[34] machen auf die Einzelheiten neugierig.

a) Das Entgelttransparenzgesetz

§ 1 des vor gegenwärtig genau fünf Jahren in Kraft getretenen und bisher selten praktisch bedeutsam gewordenen EntgTranspG gibt als Ziel des Gesetzes die Durchsetzung des Entgeltgleichheitsgebots für Frauen und Männer an.[35] Allerdings gab es dieses schon vor Erlass des Gesetzes und unabhängig davon, denn das Entgeltgleichheitsgebot ist in Art. 157 AEUV unionsrechtlich verankert, und in RL 2006/54/EG sekundärrechtlich konkretisiert.

Nach der Gesetzesbegründung ist das Gesetz vor dem Hintergrund der sog. bereinigten Entgeltlücke zwischen Männern und Frauen von 7 % zu se-

32 BAG 21.1.2021 – 8 AZR 488/19, NZA 2021, 1011.

33 *Annuß*, NZA 2021, 1538, 1539.

34 MüKoBGB/*Thüsing*, 9. Aufl. 2021, AGG § 22 Rn. 30.

35 Übersichtlich zur Struktur des Gesetzes *Winzer/Baeck/Launer*, NZG 2021, 1397 (1397).

hen. Die Ausführungen dazu sind nicht vollständig in sich konsistent: „Auch wenn der damit im Fokus stehende statistisch nicht erklärte Teil der Entgeltlücke nicht mit Entgeltdiskriminierung in dieser Höhe gleichzusetzen ist, handelt es sich um ein klares Indiz dafür, dass eine zumeist mittelbare Entgeltbenachteiligung besteht und die praktische Anwendung des Gebots, gleichen Lohn für gleiche oder gleichwertige Arbeit zu zahlen, in der Praxis nicht verwirklicht ist."[36] Mittel dazu sei die Erhöhung der Transparenz für Entgeltregelungen und -strukturen.

Dem dienen das Verbot der geschlechtsspezifischen Entgeltungleichheit in § 3 EntgTranspG und ein entsprechendes Entgeltgleichheitsgebot in § 7 EntgTranspG. Beide Regelungen setzen – wieder nach der Gesetzesbegründung – das Entgeltgleichheitsgebot des Art. 4 Abs. 2 S. 1 RL 2006/54/EG um und konkretisieren es.[37] § 2 Abs. 2 EntgTranspG bestimmt ausdrücklich, dass das AGG vom EntgTranspG unberührt bleibt. Das EntgTranspG enthält einige Rechte und Pflichten, die der Herstellung der Transparenz dienen sollen; beweisrechtlich von Bedeutung ist aber vor allem seine Kernregelung, der Auskunftsanspruch des einzelnen Mitarbeiters gemäß § 10 EntgTranspG i.V.m. §§ 11–16 EntgTranspG.[38]

Der anlasslose Auskunftsanspruch erfasst gemäß § 11 EntgTranspG Angaben zu den Kriterien und Verfahren der Entgeltfindung sowie auf die Angabe zum Vergleichsentgelt in Gestalt des statistischen Medians. Nach § 12 Abs. 1 EntgTranspG steht er allen Beschäftigten iSd § 5 Abs. 2 EntgTranspG zu, die in einem Betrieb mit in der Regel mehr als 200 Beschäftigten arbeiten und in zumutbarer Weise eine gleiche oder gleichwertige Tätigkeit benennen, die von einer Vergleichsgruppe mit mindestens sechs Personen des jeweils anderen Geschlechts ausgeübt wird.

Anders als möglicherweise erwartet, richtet sich das Vergleichsentgelt nicht nach dem statistischen Mittel, also dem Durchschnittsverdienst der zur Vergleichsgruppe Beschäftigten, sondern nach dem Median, also dem Verdienst der in der Vergleichsgruppe in der Mitte stehenden Person.[39] Das ist bei einer geraden Zahl vergleichbarer Beschäftigter das Einkommen der „mittleren" Person, bei einer ungeraden Zahl der Mittelwert beider in der Mitte stehenden Personen.

---

36 BT-Drs. 18/11133, 1.

37 BT-Drs. 18/11133, 48.

38 Zu den zentralen Regelungen *Bauer/Krieger/Günther*, AGG, EntgTranspG, 5. Aufl. 2018, Einleitung EntgTranspG Rn. 9 ff.

39 *Bauer/Romero*, NZA 2017, 409 (411 f.).

Das Vergleichsentgelt ist anzugeben als der auf Vollzeitäquivalente hochgerechnete statistische Median, mithin dasjenige Entgelt, das sich in der Mitte der Gehaltsspanne innerhalb der Vergleichsgruppe befindet. Dabei ist bei einer ungeraden Anzahl Beschäftigter in der Vergleichsgruppe der in der Mitte liegende Entgeltwert einer realen Vergleichsperson zugeordnet; bei einer geraden Anzahl an Beschäftigten ist der Median die Hälfte der Summe der beiden in der Mitte liegenden Entgeltwerte.[40] Durchschnittswert und Median können nicht unerheblich voneinander abweichen, da der Median nichts über das Einkommen der über und unter der den Medianperson(en) stehenden Beschäftigten aussagt.[41]

Maßgeblich ist weiterhin die Beweisregel des § 15 Abs. 5 EntgTranspG, die nach Abs. 1 der Norm nur nicht tarifgebundene bzw. tarifanwendende Arbeitgeber belastet. Unterlassen diese die Erfüllung ihrer Auskunftspflicht, tragen sie im Streitfall die Beweislast dafür, dass kein Verstoß gegen das Entgeltgleichheitsgebot vorliegt. Zu den Folgen der wahrheitsgemäßen Auskunft enthält das EntgTranspG keine Regelungen. In ersten Reaktionen wurde das Gesetz als „Papiertiger"[42], „Kartoffeldruck meets Unverstand"[43] und bestenfalls überflüssig[44] bezeichnet; es komme ihm allenfalls „Erziehungscharakter"[45] zu.[46]

b) Die neue Rolle des Gesetzes nach dem BAG

An den handwerklichen Mängeln des Gesetzes haben die eben zitierten Autoren hinreichend Kritik geübt. Seine geringe praktische Bedeutung seit seinem Erlass war sicherlich auch darauf zurückzuführen, dass nach bisher ganz herrschender, wenn nicht allgemeiner Ansicht der Auskunft nach § 11 EntgTranspG keine Indizwirkung nach § 22 AGG zukommen sollte.[47] Mit

40 *Winzer/Baeck/Launer*, NZG 2021, 1397 (1397).

41 S. auch die Berechnungsbeispiele bei *Bauer/Krieger/Günther*, AGG, EntgTranspG, 5. Aufl. 2018, § 11 EntgTranspG Rn. 68 ff.

42 *Ludewig*, ZRP 2016, 247.

43 *Thüsing*, DB 2016, 2234 (2236).

44 *Baeck/Winzer/Hies* NZG 2017, 254 (255 f.).

45 *Bauer/Günther/Romero*, NZA 2017, 809 (811).

46 Weitere Nachweise bei *Bauer/Krieger/Günther*, AGG, EntgTranspG, 5. Aufl. 2018, Einleitung EntgTranspG Rn. 37 f.

47 *Bauer/Krieger/Günther*, AGG, EntgTranspG, 5. Aufl. 2018, § 10 EntgTranspG Rn. 60; *Bauer/Romero*, NZA 2017, 409 (411 f.); *Franzen*, NZA 2017, 814 (815 ff).; *Göpfert/Giese*, NZA 2018, 207 (209); *Oberthür*, NJW 2017, 2228 (2233); *Thüsing*, BB 2017, 565 (567); *Winzer/Baeck/Launer*, NZG 2021, 1397 (1397).

der Entscheidung des BAG vom Januar 2021 ändert sich jedenfalls dieser Ausgangspunkt, möglicherweise auch die Bedeutung des EntgTranspG.

Der Verfahrensgang zeigt, wie kontrovers diese Frage beurteilt werden kann. Die Klägerin, Angestellte einer Versicherung, hatte eine Auskunft gemäß § 11 EntgTranspG erhalten, wonach ihr durchschnittliches Entgelt unter dem Medianentgelt der männlichen Vergleichsgruppe lag. Die Klage vor dem Arbeitsgericht Göttingen war auf Ausgleich der Entgeltdifferenz gerichtet und stützte sich auf eine Vermutungswirkung gemäß § 22 AGG wegen dieser Auskunft. Das Arbeitsgericht gab der Klage statt mit der Begründung, zwar genüge die Auskunft allein nicht als Indiz nach § 22 AGG, jedoch sei die die Differenz zum Medianentgelt der männlichen Vergleichsgruppe „erheblich" und das Vergütungssystem intransparent.[48] In der Berufung wertete das LAG Niedersachsen die Auskunft anders: Die Auskunft bilde auch bei erheblicher Differenz kein Indiz für eine Diskriminierung und andere Anhaltspunkte lägen nicht vor.[49]

Wieder anders und sogar weitergehend ist die Linie des BAG. Die Gründe enthalten neben der Begründung in der Sache noch zahlreiche allgemeine Hinweise, die bereits in der ungewöhnlichen Zahl und Länge der 17 Orientierungssätze zum Ausdruck kommen. Diese sind allerdings hilfreich, da in der ausführlichen Begründung Erwägungen des EntgTranspG, des AGG und des Europarechts nicht immer zu unterscheiden sind. Im Kern enthält die Entscheidung zwei grundlegende Aussagen. Erstens wird festgestellt, die Klage auf gleiches Entgelt für gleiche sowie gleichwertige Arbeit ohne Diskriminierung wegen des Geschlechts könne „sowohl auf den direkt anwendbaren Art. 157 AEUV als auch auf § 3 Abs. 1 und/oder § 7 EntgTranspG gestützt werden", wobei die nationalen Regeln europarechtskonform auszulegen seien.[50]

Zweitens und hier in besonderer Weise von Bedeutung sei für die Verteilung der Darlegungs- und Beweislast im Rechtsstreit um gleiches Entgelt für gleiche sowie gleichwertige Arbeit unabhängig vom Geschlecht die wiederum unionsrechtskonform auszulegende Regelung § 22 AGG maßgebend.[51] Unklar bleibt das Verhältnis zu der spezialgesetzlichen Norm § 15 Abs. 5 AGG. Zwar erkennt die Urteilsbegründung an, dass es dort um den hier nicht maßgeblichen Fall der Verweigerung der Auskunft geht, betont aber, § 15 Abs. 5

48 ArbG Göttingen 29.1.2019 – 1 Ca 194/18 Ö, BeckRS 2019, 22010.

49 LAG Niedersachsen 1.8.2019 – 5 Sa 196/19, NZA-RR 2019, 629 (Rn. 33 ff.).

50 BAG 21.1.2021 – 8 AZR 488/19, NZA 2021, 1011 (Rn. 17, 19).

51 Auch zum Mechanismus der Norm BAG 21.1.2021 – 8 AZR 488/19, NZA 2021, 1011 (Rn. 24 ff.).

EntgTranspG enthalte eine gegenüber § 22 „modifizierte“ Beweislastregel und „orientiere“ sich an dieser Norm.[52]

Zur Begründung wird auf das Gebot der „praktischen Wirksamkeit des Unionsrechts“ und den Sinn und Zweck des Auskunftsanspruchs verwiesen. Es spiele ausdrücklich keine Rolle für den Eintritt der Vermutungswirkung, ob eine Auskunft nach §§ 11 ff. EntgTranspG eine Entgeltdiskriminierung zuverlässig anzeigen könne. Möglichkeiten der Rechtfertigung gäbe es nicht. Ergänzend sei auf eine weitere Entscheidung des BAG aus dem Jahr 2020 verwiesen, wonach der Arbeitnehmerbegriff des EntgTranspG europarechtlich weit auszulegen ist,[53] was den Anwendungsbereich auch dieser Grundsätze deutlich erweitert.

c) Kritik an der Entscheidung

An Methodik wie Begründung der Entscheidung ist vielfach ausführlich und teilweise polemisch Kritik geübt worden.[54] In der Tat enthält das Urteil vom Januar 2021 eine ungewöhnliche Vielzahl von angreifbaren Punkten. Das beginnt mit einem unsystematischen und redundanten Aufbau der Gründe und den offenbar auf freie Willkür setzenden Ausführungen zur Anspruchsgrundlage.

Vollständig misslungen ist die Abgrenzung des Geltungsbereichs der unterschiedlichen Beweislastregeln in § 22 AGG und § 15 Abs. 5 EntgTranspG. Beide regeln völlig unterschiedliche Sachverhalte: In § 15 Abs. 5 EntgTranspG geht es um die – sanktionierenden – Folgen einer verweigerten Auskunft, im Entscheidungsfall darum, ob und welche Indizwirkung eine pflichtgemäß erteilte Auskunft hat. *Thüsing* hat die Versuche, beide zu einer Konstruktion zusammenzufügen, bereits als „Unfug“ bezeichnet, ich möchte „erbärmlich“ hinzufügen.[55] Das gilt umso mehr, weil die Beweislastregeln des EntgTranspG für die maßgebliche Frage der Glaubhaftmachung keine Rolle spielen, lässt das EntgTranspG doch nach seinem § 2 Abs. 2 Satz 1 das AGG ausdrücklich unberührt.

---

52 BAG 21.1.2021 – 8 AZR 488/19, NZA 2021, 1011 (Rn. 26 einerseits, Rn. 53, 55 andererseits).

53 BAG 25.6.2020 – 8 AZR 145/19, NZA 2020, 1613.

54 S. nur *Annuß*, NZA 2021, 1538; MüKoBGB/*Thüsing*, 9. Aufl. 2021, AGG § 22 Rn. 29 f.; *Trübenbach*, BB 2022, 247; *Uffmann*, ZfA 2022, 51; *Winzer/Baeck/Launer*, NZG 2021, 1397; zustimmend *Stein*, NZA 2022, 328.

55 MüKoBGB/*Thüsing*, 9. Aufl. 2021, AGG § 22 Rn. 30; kritisch dazu auch *Uffmann*, ZfA 2022, 51 (69 f.); *Winzer/Baeck/Launer*, NZG 2021, 1397 (1398).

Insbesondere aber spitzt sich die Kritik an der Entscheidung zu, weil sie die bisherige, von EuGH wie BAG vertretene Linie zum Beweiswert von Statistiken in einem Kernpunkt verlässt. Wie eben erwähnt, hatte der EuGH zuletzt in dem sonst fragwürdigen Urteil zu gesamtwirtschaftlichen Daten von 2019 noch einmal betont, die Daten müssten „aussagekräftig“[56] sein und das war auch zutreffendes Abgrenzungskriterium des BAG in den bisherigen Entscheidungen zum Statistikbeweis[57]. Der wesentliche Bruch der vorliegenden Entscheidung liegt darin, sich von diesem europarechtlich abgesicherten, logischen und nachvollziehbaren Kriterium zugunsten einer unreflektierten Durchsetzung eines angeblichen effet utile zu verabschieden.

Die Auskunft nach dem EntgTranspG entfaltet keine oder allenfalls zufällige Aussagekraft. Selbst die Gesetzesbegründung findet keine Argumente dafür, warum der Auskunftsanspruch des § 11 EntgTranspG auf den bisher vor allem in der Wirtschaftswissenschaft bekannten Median gerichtet ist; lediglich in ihrem allgemeinen Teil ist die Rede davon, es gehe um den „Einzelfall“.[58] Gerade dieser Einzelfall führt aber dazu, dass dem Median praktisch keinerlei Aussagekraft zukommt, da der zugrundeliegenden Paarvergleich auf zwei Zufällen beruht: Der Position des Entgelts der Antragstellerin im Vergleich mit andern Frauen und dem Entgelt des männlichen Kollegen, der zufällig den Median bildet.

In der Literatur finden sich keineswegs künstlich konstruierte Beispiele dafür, dass das Abstellen auf den Median eine überdurchschnittlich bezahlte Frau als schlecht dastehend erscheinen lassen und ein eindeutig Männer bevorzugendes Entgeltsystem verschleiern kann.[59] Ironischerweise ist das gerade in besonders intransparenten Entgeltsystemen der Fall, bei denen sich die Entgelte auch innerhalb vergleichbarer Tätigkeiten erheblich unterscheiden – beides war nach den Ausführungen des ArbG Göttingen auch im Entscheidungsfall der Fall gewesen.

Für die Entscheidung spricht also nur, was offenbar ihr einziger Grund war, nämlich die Überlegung, welchen Sinn das EntgTranspG denn sonst haben soll, wenn nicht die Beweiswirkung nach § 22 AGG.[60] Dazu ist nur zu sagen, dass es dem Gesetzgeber freisteht, folgen- und sinnlose Gesetze zu

---

56 EuGH 3.10.2019 – C-274/18 (Schuch-Ghannadan), NZA 2019, 1485 (Rn. 46 ff.).

57 S. o. IV. 1. a).

58 BT-Drucks. 18/11133, 23; zu § 11 ohne weitere Aussagen S. 60.

59 *Bauer/Krieger/Günther*, AGG, EntgTranspG, 5. Aufl. 2018, § 11 EntgTranspG Rn. 70 ff.; *Thüsing*, BB 2017, 565 (567 ff.).

60 So *Zimmer*, ArbuR 2021, 202 (204). Ähnlich wie hier *Uffmann*, ZfA 2022, 51 (52) „Weil der Auskunftsanspruch etwas bringen soll, bringt er jetzt auch etwas“.

erlassen und dass es nicht Aufgabe der Rechtsprechung ist, in diese Rechtsfolgen hineinzukonstruieren, deren Sinnhaftigkeit noch dazu fragwürdig ist. Dem hinter dem EntgTranspG stehenden wichtigen Anliegen wäre mehr gedient gewesen, wenn die Urteilsgründe die Absurditäten hinter dem EntgTranspG aufgedeckt hätten und – Optimismus sei erlaubt – vielleicht Anregungen für eine Nachbesserung gegeben hätten.

d) Ausblick

Mit Willen und Segen des BAG hat das EntgTranspG nun also beweisrechtliche Folgen von einiger praktischer Bedeutung. Unklar ist, ob die Abkehr vom Kriterium der Aussagekraft eine dauerhafte und verallgemeinerbare ist, zumal der bisherige Anwendungsbereich von Statistiken nahezu ausschließlich die Diskriminierung wegen des Geschlechts und Fragen der Entgeltgleichheit im weitesten Sinne betrafen. Sehr wahrscheinlich ist aber, dass sich die Rechtslage ohnehin bald ändern wird, denn kurz nach dem Entscheidungsdatum des Urteils zum EntgTranspG legte die EU-Kommission am 4.3.2021 den Vorschlag für eine Richtlinie „zur Stärkung der Anwendung des Grundsatzes des gleichen Entgelts für Männer und Frauen bei gleicher oder gleichwertiger Arbeit durch Lohntransparenz und Durchsetzungsmechanismen“ (LohnTranspRL-V)[61] vor. Diese sieht einen Auskunftsanspruch vor, der nicht auf den Median, sondern gemäß Art. 7 Abs. 1 LohnTranspRL auf ein Durchschnittseinkommen bezieht.[62]

V. Fazit

In den über 15 Jahren nach Inkrafttreten des AGG hat die damals ganz neuartige Regelung des § 22 AGG in einigen Gebieten schärfere Konturen bekommen. Es überwiegt aber die Rechtsunsicherheit, weil die Rechtsprechung zur maßgeblichen Frage der Glaubhaftmachung von „Indizien“ wenig konsistent ist. Neue Impulse hat durch zwei – inhaltlich fragwürdige – aktuelle Entscheidungen der Beweiswert von Statistiken bekommen. Es darf aber bezweifelt werden, dass diese viel zu dem zugrundeliegenden Problem eines Gender Pay Gap beitragen.

---

61 COM(2021) 93 final.

62 Dazu *Annuß*, NZA 2021, 1538 (1540); *Uffmann*, ZfA 2022, 51 (70); jeweils mwN.

Zeitfracht Medien GmbH
Ferdinand-Jühlke-Straße 7
99095 Erfurt, Deutschland
produktsicherheit@kolibri360.de